Radel/Furrer · Ein Lattenzaun mit Zwischenraum hindurchzuschaun

Ein Lattenzaun mit Zwischenraum hindurchzuschaun

Geschichten zum Vergnügen der Kinder
gesammelt von Jutta Radel
Mit Bildern von Jürg Furrer

Verlag Huber Frauenfeld

Schutzumschlag von Jürg Furrer

© 1978 by Verlag Huber Frauenfeld für diese Ausgabe.
Im übrigen verbleiben die Rechte bei den Autoren
beziehungsweise bei den Verlagen.
Satz: Satz AG, Zürich
Druck: Grafische Unternehmung Huber & Co. AG, Frauenfeld
Einband: Buchbinderei Burkhardt AG, Zürich
Printed in Switzerland
ISBN 3-7193-0619-4

Inhalt

Ein Glatzkopf, ein Hosenknopf, ein Sheriffstern, ein Walnußkern und andere fantastischen Geschichten.

Kaspar Schnetzler, Warum die Chinesen mit Stäbchen essen, 9
Hans Stempel und Martin Ripkens, Kuchen für alle, 13
Irina Korschunow, Pippo geht ins Café, 23
Sigrid Heuck, Jim und das Cowboyfest, 26
Gabi Gaull, Tommi, der Schneemann, 33
Gina Ruck-Pauquét, Eumel, 38
Karlhans Frank, Dornröschen nach dem Erwachen, 43
Wolf Biermann, Das Märchen vom kleinen Herrn Moritz, der eine Glatze kriegte, 47
Bernd Jentzsch, Ein Haus wie kein anderes Haus, 50
Kaspar Fischer, Fütterung des Kometen, 52
James Krüß, Pommelot, der unbesiegte Ritter, 56
Mira Lobe, Weltmeisterschaftszweiter im Geisterheulen, 60
Irene Rodrian, Die schauerliche Geschichte vom kleinen Piraten und vom dicken Kapitän, 68
Franz Hohler, Eine dicke Freundschaft, 73
Reiner Zimnik, Der Bär auf dem Motorrad, 75
Josef Guggenmos, Warum die Schildkröte gepanzert geht, 79
Hanna Muschg, Maus, die Maus, 82
Paul Maar, Wie der Affe Kukuk und der Affe Schlevian untereinander einen Dichterwettstreit austrugen, 89
Hans Carl Artmann, Maus im Haus, 96

Dann spielen sie Gespenster und kriechen durch die Fenster – lauter wahre Geschichten

Gudrun Pausewang, Binders Sonntag gefällt mir besser, 105
Kurt Baumann, Mischas Küchengeschichten, 114
Herbert Heckmann, Die Schlacht auf dem Perserteppich, 121
Sonja Matthes, Frau Axt kann nicht bis zwei zählen, 126
Irmela Brender, Jeannette wird Schanett, 128
Wolfdietrich Schnurre, Lieben heißt loslassen können, 132
Vera Ferra-Mikura, Schnurrimaunz, 139
Eveline Hasler, Der Wortzerstückler, 141
Beat Brechbühl, Schnüff und die neue Lehrerin, 144
Kurt Wölfflin, Miki spielt ihrem Paps einen Streich und bringt ihn in arge Verlegenheit, 150
Jürg Schatzmann, John Klings erste Pfeife, 156
Hansjörg Martin, Kauderwelsch mit kleinem Knall, 163
Ursula Wölfel, Die fürchterliche Alma und der großartige Tim, 165
Ilse Kleberger, Jan will auswandern, 168
Heinrich Hannover, Die Birnendiebe vom Bodensee, 178
Rüdiger Stoye, Wie der Hund Putzi seinem Herrchen in den Hintern biß, 181
Josef Ippers, Der Gespenster-Schreck, 190
Jutta Radel, Nachwort für Ältere, 193

Autoren- und Quellenverzeichnis, 195

I

Ein Glatzkopf, ein Hosenknopf, ein Sheriffstern, ein Walnußkern und andere fantastischen Geschichten

Kaspar Schnetzler

Warum die Chinesen mit Stäbchen essen

Vor sehr langer Zeit haben auch die Chinesen noch mit Löffel, Gabel und Messer gegessen. Wie wir auch. Und kein Chinese hätte daran gedacht, zwei Stäbchen – aus Holz oder von Elfenbein – in die Finger zu nehmen, um auf diese Art zu essen. Denn es ist für keinen Menschen leicht, zwei dünne Stäbchen mit den Fingern einer einzigen Hand so geschickt zu halten, daß kein Körnchen Reis beim Essen verlorengeht. Kein Chinese hätte daran gedacht, Gabel, Messer und Löffel wegzulegen, wenn nicht die folgende Geschichte mit den Kindern von Kaiser Ming passiert wäre:

Kaiser Ming, der vor langer Zeit lebte, war ein besonderer Kaiser, und alle Chinesen liebten ihn wie ihren Vater. Denn Ming, der Kaiser, hatte alle seine Chinesen gern. Am meisten aber liebte er es, wenn sie lieb zueinander waren und friedlich. Drum hatte er auch große Freude an seinen zwei lieben Kindern, die ihm die Kaiserin, Ming Sin, geboren hatte. Zwillinge waren es. Söi Li, das Söhnchen mit dem seidenschwarzen Chinesenzopf, und Mei-te Li, das Töchterchen, auch mit dem seidenschwarzen Chinesenzopf. Die beiden wärmten dem Kaiser das Herz und machten seinen Augen Freude, wenn sie hoch auf ihren Bambussitzchen ihren Reisbrei löffelten und ihre Reismilch schöppelten. Von ihrem friedlichen Anblick holte der Kaiser Kraft für die schwierigen Regierungsgeschäfte, die er am Nachmittag zu erledigen hatte. Das ging so friedlich und gut, bis die beiden Kleinen das Alter erreicht hatten, da sie wie die Großen am Lacktisch aus Porzellantellern, Elfenbeinbechern, mit Goldbesteck und Seidenservietten essen durften.

Da begann das Unglück. Denn am ersten Tag schon floß Blut. Die beiden Kaiserkinder schnitten sich nämlich mit den Goldmesserchen in die Finger –

an der linken Hand Söi Li, Mei-te Li an der rechten. Das gab ein Geschrei im Kaiserpalast, als wäre der Krieg ausgebrochen! Schnell kam Fô-pa, der Haushofmeister, herbeigeeilt und ließ das gebratene Huhn in die Küche zurücktragen. Dort schnitt Hün Chen, der Koch, das Fleisch in kleine Stücke, damit die beiden Chineslein drinnen am Kaisertisch kein Messerchen mehr brauchten. Kaiser Ming war wieder glücklich und zufrieden. Bis zum nächsten Tag. Da hörte Söi Li nämlich plötzlich auf, seine Suppe zu löffeln. Er schleckte den Löffel ab, bis er glänzte, und begann sich darin zu spiegeln. Kugelaugen machte er und Grimassen. Als er aber den Löffel drehte und ihn über den Tisch hinweg seiner Schwester entgegenstreckte, sah Mei-te Li sich Hals über Kopf darin gespiegelt – und schrie wie am Spieß, weil sie nicht Hals über Kopf gespiegelt werden wollte. Fô-pa kam wieder herbeigeeilt und ließ schleunigst die Suppe und die Löffel wegtragen. In der Küche mußte Pu Li Yong, der Suppenkoch, die Suppe in Porzellanschälchen umgießen, damit sie getrunken werden konnte wie eine Bouillon.

Kaiser Ming glaubte, der Frieden am kaiserlichen Tisch sei gerettet. Doch am dritten Tag hatte Söi Li die spitzen Gabelzinken entdeckt und herausgefunden, daß er seine Schwester damit ganz bös unter dem Tisch hindurch ins Bein stechen konnte. Das Geschrei am Tisch des Kaisers ging wieder los. Jetzt war's genug. Der gute Kaiser Ming verlor seine gute Laune und fast seine kaiserliche Würde; er donnerte, daß alle Wände des alten Kaiserpalasts erzitterten. Fô-pa, der für den Frieden am Kaiserhof verantwortlich war, erbleichte, Hün Chen und Pu Li Yong kamen aus der Küche gerannt. «Alles Besteck weg. Nehmt den Kindern alles Besteck weg, alles! Das soll sie schon lehren!» schrie der Kaiser in seinem Zorn. Das war aber ein sehr hartes kaiserliches Wort. Wie hätten denn die Kinder in Zukunft je wieder essen können. Es war doch im ganzen chinesischen Reich verboten, mit den Fingern zu essen, weil das unanständig ist.

Fô-pa räumte ab und brachte Söi Li und Mei-te Li in die Küche. Alle waren traurig rund um den kaiserlichen Küchenherd und zwischen den kaiserlichen

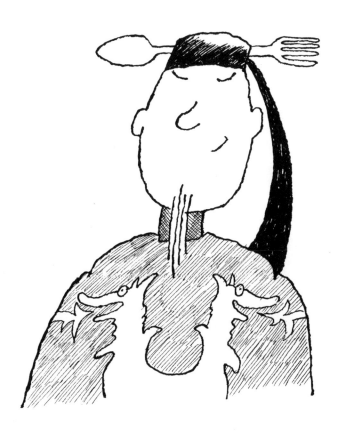

Reistöpfen. Alle hatten Tränen in ihren Schlitzaugen. – Da wußte Hün Chen, der Koch, Rat: Er brach von ein paar Kochlöffeln den Stiel ab, gab jedem Kind zwei Stiele in die Finger. Dann setzte er Söi Li und Mei-te Li vor zwei Reisschalen an den Küchentisch. Und geschickt, wie Chinesenkinder sind, häufelten sie und schäufelten sie mit den Holzstäbchen ihren Reis und ihre Hühnerstückchen hinter die runden Backen.

Ming, der Kaiser, war überrascht von der plötzlichen Ruhe im ganzen Palast. Er stand auf vom Tisch und ging in die Küche, wo er noch nie in seinem Leben gewesen war. Da sah er die beiden Kleinen am Tisch sitzen. Er sah, wie sie eifrig aßen und keine Zeit mehr hatten zum Streiten, weil sie aufpassen mußten, daß ihnen der Reis nicht von den Stäbchen fiel. Der gute Kaiser war froh, daß wieder Frieden herrschte am Kaiserhof. Das war aber nur so, weil die Kinder jetzt mit Stäbchen aßen. Drum schickte der Kaiser seine Boten aus ins ganze große Reich. Sie brachten den Chinesen den kaiserlichen Erlaß, daß von nun an und für immer alle Chinesen mit Stäbchen essen sollten. Wie Söi Li und Mei-te Li. Damit für alle Zeiten Friede war in China.

Und darum essen die Chinesen mit Stäbchen.

Hans Stempel und Martin Ripkens

Kuchen für alle

1.

Es war einmal ein Junge, der hieß Benny. Er wohnte mit seiner Großmutter in einem kleinen alten Haus. Das Haus war so alt, daß seine roten Backsteine schwarz geworden waren.

In Luzern oder London wäre es ein Haus gewesen wie viele andere Häuser auch. Da es aber in New York stand, zwischen lauter stolzen Wolkenkratzern, sah es winzig und wehrlos aus.

Ähnlich erging es Benny. Obwohl er einen Kopf kleiner war als alle seine Freunde, wäre er in Bern oder Berlin nicht weiter aufgefallen. Da er aber in New York lebte, wo die Menschen ganz besonders groß und schnell sein wollen, kam Benny sich wie ein Zwerg vor.

Ein Zwerg aber wollte Benny nicht sein.

2.

Bennys Großmutter hatte einen Kuchenladen, in dem es zehn verschiedene Sorten Kuchen zu kaufen gab. Für jede Sorte gab es einen anderen Teller:

      einen mit einem Katzenkopf
      einen mit einem Hosenknopf
      einen mit einem Sheriffstern
      einen mit einem Walnußkern
      einen mit einem Wetterhahn
      einen mit einem Weisheitszahn
      einen mit einem Schäferhund
      einen mit einem Schlüsselbund

einen mit einem Schneckenhaus
einen mit einer Mickeymaus.

Großmutters Kuchenladen war bei den Kindern so beliebt, daß an manchen Tagen nicht mal mehr eine Maus unter dem Tisch Platz gefunden hätte. Aber noch mehr Kinder mußten draußen bleiben, weil sie kein Geld hatten.

Nur Benny durfte ganz ohne Geld soviel Kuchen essen wie er nur wollte. Dafür mußte er der Großmutter auch tüchtig helfen. Um groß und stark zu werden, aß er oft soviel Kuchen, daß ihm die Sahne aus der Nase quoll.

3.

Um groß und stark zu werden, tat Benny noch mehr. Jeden Morgen stellte er sich vor den Spiegel und boxte gegen sein Spiegelbild. Die Treppen lief er bald nur noch auf den Händen rauf und runter, und dreimal täglich stemmte er den alten Ohrenbackensessel, natürlich ohne die Großmutter.

Doch wenn er abends vor dem Fernseher saß, kam er sich trotzdem klein und häßlich vor, denn herausfordernd blickten sie alle auf ihn herab:

die Gangster und die Krieger
die Schiffer und die Flieger
die Boxer und die Ringer
die Läufer und die Springer
die Schwimmer und die Reiter
undsoweiter undsoweiter.

Traurig schlich Benny sich in sein Zimmer und versuchte es mit einem letzten Trick. Er rieb sich vor dem Schlafengehen die Füße mit Doktor Greulichs grüner Salbe ein.

4.

Am anderen Morgen wurde Benny von einem bösen Schrecken befallen. Am Fußende seines Bettes sah er zwei vermummte Beduinen stehen, fremdartige Wesen, wie er sie bislang nur aus Abenteuerbüchern kannte.

Klug tat Benny so, als ob er weiterschlafen würde. Er kniff die Augen zu und atmete so leise er nur konnte. Dann zählte er bis dreizehn und riskierte vorsichtig ein Auge. Behutsam zog er die Füße zu sich heran, und siehe da, die Beduinen kamen näher. Langsam bewegte er die großen Zehen, und siehe da, die Beduinen nickten mit dem Kopf.

Da wußte Benny: Die Beduinen waren seine Füße, die über Nacht ungeheuer groß geworden waren. Schreiend sprang er aus dem Bett. Es paßten nicht Strümpfe. Es paßten nicht Schuhe. So lief er barfuß aus dem Haus, über die Hintertreppe, damit niemand ihn sah.

5.

Doch die feingeputzten Kinder, die mit ihren feingeputzten Eltern spazierengingen, sahen ihn sehr wohl. Sie nahmen den Finger aus der Nase und zeigten auf ihn und riefen: Pfui, ein Barfuß! Pfui, ein Barfuß! Benny lief weiter, obwohl er nicht wußte, wohin.

Als es Abend wurde, dachte er an die Großmutter, die jetzt den Kuchen in den Kühlschrank stellte. Aber heimzugehen – so wie er aussah – traute sich Benny immer noch nicht.

6.

Ein Auto müßte man haben, dachte Benny, ein Auto, bis ans Ende der Welt zu fahren, wo niemand dich fragt, wie groß deine Füße sind, wie lang deine Nase ist, wie weit deine Ohren abstehn oder ob du rote Haare hast oder Linkshänder bist oder stotterst.

Benny ging zu einem Taxistand, aber für das Geld, das er bei sich hatte, wollte niemand ihn mitnehmen. Schließlich sagte einer der Männer: Wenn du mir deine Armbanduhr gibst, fahre ich dich bis zu den Bärenbergen. Und deine großen Füße darfst du sogar zum Fenster heraushängen. Da war Benny glücklich. Unter den vielen tausend Autos, die an diesem Abend durch New York fuhren, gab es

843 Polizei-Autos
67 Feuerwehr-Autos
32 Kranken-Autos
9 Autos mit silbernen Kotflügeln
3 Autos mit goldenem Lenkrad,
aber nur ein einziges Auto mit einem kleinen Jungen, der seine großen Füße zum Fenster heraushängen ließ.

7.
Benny hatte sich die Bärenberge ganz anders vorgestellt. Nirgendwo sah er einen Bären, und er fand auch keine Höhle, in der er hätte übernachten können. Müde legte er sich unter einen Strauch und aß die letzten Erdnußkerne, die er noch in seiner Hosentasche fand.
Am nächsten Morgen weckte ihn lautes Lachen. Benny blinzelte in die Sonne und sah vor sich einen Riesen. Als Benny sich vor Schreck hinter einem Baum verkroch, lief der Riese hinter ihm her und löste sich in vier kleine Männlein auf, die sich purzelbaumschlagend ins Gras fallen ließen und Benny freundlich begrüßten.
Es waren die vier Liliputaner Adam, Bedam, Cedam und Dedam vom Zirkus Trubal, die an ihrem freien Tag einen Ausflug in die Bärenberge machten. Neugierig bestaunten sie Bennys große Füße: Von welchem Zirkus bist denn du?
Ich? sagte Benny. Ich kenne Zirkus nur vom Fernsehen! Aber vielleicht kann ich mit meinen stolperlangen Füßen bei euch Arbeit finden? Adam, Bedam, Cedam und Dedam steckten ihre Köpfe zusammen: Wenn du willst, kannst du mitkommen. Irgendeine Arbeit wird sich schon für dich finden.

8.
Zirkusdirektor Zetermann saß in seinem Schaukelstuhl und aß Zuckerplätzchen. Nun, sagte er zu Benny, was können wir denn so, junger Mann? Was

haben wir denn so alles gelernt? Um seinen Worten Nachdruck zu geben, knallte er von Zeit und Zeit mit einer Peitsche. Benny verbeugte sich:
Ich kann mit offenen Augen träumen!
Ich kann einen Griesgram zum Lachen bringen!
Ich kann aus Geldscheinen Schwalben machen!
Dummes Zeug! sagte Zetermann und steckt sich fünf Zuckerplätzchen auf einmal in den Mund: Das sind doch alles brotlose Künste! Ich suche jemanden, der aus Schwalben Geldscheine macht! Und wieder knallte Zetermann mit der Peitsche...
Er war so wütend, daß er nicht einmal einen einzigen Blick auf Bennys stolperlange Füße geworfen hatte.

9.

Benny hätte nie gedacht, daß ein Zirkusdirektor so unfreundlich sein konnte. Vergeblich versuchten die vier Liliputaner, ihn zu trösten. Sie saßen gerade beim Abendbrot, als vier weiße Hasen hereinhoppelten. Es waren Hansi, Hansi, Hansi und Hansi. Sie waren dem Zauberer Artifax davongelaufen, weil er ihnen immer die Löffel lang zog und weil es in seinem Zylinder so schrecklich nach Pomade roch.
Sei nicht traurig! sagten die vier Hansis. Auch wir haben vom Zirkusleben die Nase voll. Aber im Bratofen wollen wir auch nicht enden. Und dann steckten sie ihre Köpfe zusammen, so dicht, daß die vielen Hasenohren Benny kitzelten und er laut niesen mußte.

10.

Ein bißchen aufgeregt war Benny schon, als am anderen Abend der Zauberer Artifax die Arena betrat. Ein Zirkusdiener brachte dem Zauberer seinen Zylinder. Feierlich klopfte Artifax mit einem Stöckchen auf den Zylinder. Eine Staubwolke flog auf, und eine Motte flog ins Licht. Die Leute lachten. Artifax wurde unsicher. Er griff in den Hut, aber die vier Hansis fand er

nicht. Er drehte den Hut, und heraus fielen ein paar angenagte Mohrrüben. Scheiße! schrie der Zauberer. Erschreckt spielte die Kapelle die nächste Nummer, einen Walzer für den Tanzbären.

Adam, Bedam, Cedam und Dedam trugen eine Kiste in die Arena, aus der es wunderlich brummte. Als aber die Kiste auseinanderfiel, kam nicht der Tanzbär heraus, sondern Benny. Auf seinen Händen lief er durch die Arena, und oben, auf seinen stolperlangen Füßen, saßen die vier Hansis, je zwei auf jedem Fuß.

11.
Ein Trommelwirbel, und alles hielt den Atem an. Mit einem dreifachen Salto sprangen Hansi und Hansi vom linken Fuß auf den rechten Fuß, und Hansi und Hansi sprangen vom rechten Fuß auf den linken Fuß, ebenfalls mit einem dreifachen Salto. Die Zuschauer tobten vor Vergnügen.
Über Nacht war Benny berühmt geworden. Fast alle Zeitungen brachten sein Bild. Auf einmal war Zirkusdirektor Zetermann der freundlichste Mann der Welt, und da er wußte, daß Benny gerne Kuchen aß, brachte er ihm und seinen Freunden jeden Abend einen Korb voller Kuchen in den Wohnwagen.
Doch dafür gab es ab sofort eine Vorstellung mehr. Dreimal täglich mußten Benny und seine Freunde jetzt ihre Kunststücke zeigen. Abends waren sie oft so müde, daß sie vor dem Kuchenberg einschliefen.

12.
Um noch mehr Leute in den Zirkus zu locken, verlangte Zetermann eines Tages, Benny solle seine berühmte Nummer auf dem Rücken eines Elefanten zeigen und dazu noch Mundharmonika spielen. Da mochte Benny einfach nicht mehr. Kuchen wollte er schon, aber dafür schuften, das gefiel ihm gar nicht. Und so ging er heim zur Großmutter, barfuß und ohne sich zu schämen. Ja, auf seine stolperlangen Füße war er sogar stolz. Die vier Hansis nahm er natürlich mit, damit sie nicht im Bratofen endeten.

Die Großmutter weinte vor Glück. Zur Begrüßung gab es Honigherzen mit heißen Himbeeren, und für die vier Hansis eine Mohrrübentorte. Bald ging es so laut und lustig zu, daß die Leute auf der Straße stehen blieben. Und wer immer Benny erkannte, kam herein und bestellte Kaffee und Kuchen.

Mein Gott, rief die Großmutter aufgeregt, wenn das so weiter geht, werde ich noch im Alter eine reiche Frau!

Dann mußt du aber auch allen Kindern, die kein Geld haben, umsonst Kuchen geben, rief Benny. Du hast leicht reden! rief die Großmutter. Kuchenbacken kostet Geld. Butter, Eier, Mehl und Milch, – wer zahlt mir das?

Und wenn die Kinder mit einer Geschichte bezahlen? fragte Benny. Das ist eine Idee! sagte die Großmutter. Jedes Kind muß zuerst eine Geschichte erzählen, und aus den Geschichten machen wir dann ein Buch, das wir verkaufen. Und von dem Geld, sagte Benny, kaufen wir dann wieder Butter, Eier, Mehl und Milch und backen neuen Kuchen.

Kuchen für alle! sagte die Großmutter und lachte. Ja, sagte Benny. Kuchen für alle. Und so soll das Buch heißen!

Irina Korschunow

Pippo geht ins Café

Der kleine Clown Pippo war mit seiner großen bunten Tasche in die Stadt gegangen, um einzukaufen. Er kaufte sich eine neue Hose, einen neuen Pullover und ein Paar Schuhe. Außerdem kaufte er Strümpfe, Schreibpapier, Tee, Kaffee, Käse, Ölsardinen, Wurst, Waschpulver und einen Milchtopf. Alles wanderte in die braune Tasche, bis sie beinahe platzte. Obenauf legte Pippo noch eine Tüte mit Äpfeln. Mehr ging nicht hinein.
«Schluß für heute», dachte Pippo. «Die Tasche ist voll und ich bin müde. Was machen wir nun?»
Er setzte seine Tasche hin, um nachzudenken – genau vor einem Café. Im Schaufenster stand eine Apfeltorte, eine große, glänzende Apfeltorte, dick mit Zuckerguß bestrichen. Sie sah so süß und saftig aus, daß dem kleinen Clown Pippo das Wasser im Munde zusammenlief.
«Apfeltorte mit Schlagsahne! Hmm!» sagte er zu sich selbst. «Jawohl, ich bestelle mir ein Stück.»
Er nahm seine Tasche und schleppte sie durch die Glastür ins Café. Doch als er sich umschaute und nach einem Platz suchte, entdeckte er keinen einzigen freien Stuhl. Auf jedem saß ein Gast. Das Café war genauso vollgestopft wie Pippos Einkaufstasche.
Pippo trat ungeduldig von einem Fuß auf den anderen. Er sah die vielen Teller mit Kuchen, er schnupperte den Kaffeeduft, und das Wasser lief ihm noch mehr im Munde zusammen.
«Hoffentlich kann ich mich bald hinsetzen», dachte er voller Appetit. Und weil in diesem Moment hinten in der Ecke ein Tisch frei wurde, begann er zu laufen. Ausgerechnet an diesem Tag aber war das Café frisch gebohnert worden.

Pippo rannte und rutschte, und ehe er sich's versah, saß er mitsamt seiner großen Tasche auf dem Hosenboden. Die Äpfel, die er zum Schluß noch gekauft hatte, kullerten um ihn herum – es war schrecklich!

Die Leute an ihren Tischen lachten jedoch laut.

«So ein komischer kleiner Mann», dachten sie und merkten gar nicht, wie Pippo sich schämte. Er wurde beinahe so rot wie seine Äpfel. Am liebsten wäre er davongerannt. Aber er wußte, daß die Leute dann noch lauter lachen würden. Deshalb stellte er sich wieder auf die Beine, ging so würdevoll wie möglich an den freien Tisch und wollte sich hinsetzen.

Bums, da lag er schon wieder! Denn vor lauter Verlegenheit hatte er sich nicht auf den Stuhl, sondern daneben gesetzt. Gerade wie im Zirkus, wenn er seine Pippo-Späße machte.

Die Leute lachten noch lauter, und Pippo wurde ebenso rot wie seine Äpfel.

«Warum sind sie nur immer so schadenfroh?» dachte er verzweifelt. «Nein, das halte ich nicht aus.»

Er sprang auf und wollte fortlaufen. Doch da stand der Kellner neben ihm, schob den Stuhl zurecht und fragte: «Was wünschen der Herr?»

«A-ap-apfelsahne mit Schl-schla-schlagtorte», stammelte Pippo. «Und Ka-ka-kaffee.»

Er konnte kaum ein vernünftiges Wort herausbringen. Kein Wunder, daß sofort ein drittes Unglück passierte: Als Pippo mit der Kuchengabel in den harten Tortenboden hineinstach, sprang sein Kuchen vom Teller. In hohem Bogen wie ein Frosch.

Das fanden die Leute herrlich. Sie lachten Tränen. Sogar der Kellner und das Fräulein an der Kasse jubelten vor Vergnügen. So etwas Komisches hatte es in diesem Café noch nie gegeben.

Der kleine Clown Pippo sah, wie sie sich bogen vor Lachen. Aber er wurde nicht noch einmal rot. Nein, er wurde ärgerlich.

«Denen will ich's zeigen», dachte er. «Wenn sie schon lachen, dann wenigstens richtig.»

Er holte seine bunten Farben aus der Hosentasche und malte sich ein Clownsgesicht an, weiß, rot und grün. Und dann spielte er den Gästen im Café die lustigsten Pippo-Späße vor, die ihm einfielen. Er gackerte wie ein wütendes Huhn, er stolperte über seine eigenen Füße, er war ein Radfahrer, der vom Rad fällt und ein Mann, der eine Fliege fangen will und sie nicht schnappt.

Zuerst machten die Leute erstaunte Gesichter. Dann aber fingen sie an zu lachen, und diesmal lachten sie richtig: Nicht schadenfroh, sondern nur noch vergnügt.

Als Pippo das sah, wurde er ebenso vergnügt wie seine Zuschauer. Er dachte sich sogar eine neue Nummer aus: Ein Mann kommt mit einer schweren Einkaufstasche ins Café und fällt hin. Er will sich auf einen Stuhl setzen und setzt sich daneben. Er möchte Kuchen essen, und der Kuchen springt ihm vom Teller.

«Bravo!» riefen die Leute, «Bravo, noch mehr!» Sie konnten nicht genug bekommen von Pippos Späßen, und als er sich endlich wieder an seinen Tisch gesetzt hatte, brachte ihm der Kellner eine Apfeltorte. Eine ganze, glänzende Apfeltorte, dick mit Zuckerguß bestrichen.

«Ein Geschenk von den Gästen», sagte er, «und herzlichen Dank!»

Da wurde Pippo noch einmal rot. Vor Freude!

Die Apfeltorte nahm er mit heim in seinen Wohnwagen. Er kaufte eine grosse Schüssel Schlagsahne, und am nächsten Nachmittag lud er die Kunstreiterin Esmeralda, die Seiltänzerin Fräulein Lulu und sogar den Jongleur Jimmy zum Kaffee ein.

Sigrid Heuck

Jim und das Cowboyfest

Jim, der Cowboy, und Mister Tramp, sein Pferd, waren ziemlich müde. Sie hatten eine Reihe Abenteuer bestanden, und wenn so etwas im Wilden Westen auch zum täglichen Leben gehörte, so war es trotzdem aufregend und mühsam. Deswegen beschloß er, sich und seinem Pferd ein paar Tage Ruhe zu gönnen. Am Fuß der blauen Berge, dort, wo der Wald die Ufer des Elchflusses erreicht, fanden sie einen ruhigen Lagerplatz.
Jim sammelte Erdbeeren und Himbeeren, und Mister Tramp graste am Waldrand. Hier und da machten sie Streifzüge in die nähere Umgebung. Sie bestiegen einen Hügel und betrachteten die Gegend oder badeten im Fluß. Wenn sie gar nicht wußten, was sie tun sollten, spielten sie zusammen «Räuber und Cowboy» oder «Kuh im Tal». Am allerliebsten spielten sie Zirkus. Jim war der Direktor, und Mister Tramp vollbrachte unter seiner Leitung die erstaunlichsten Kunststücke. Die Vorstellung begann damit, daß sich der Cowboy auf die Erde hockte, dann rief er: «Jippi-di-hopp!»
Und das kleine Pferd sprang über ihn hinweg. Natürlich konnte es sich auch totstellen oder mit dem Fuß sein Alter klopfen. Das kann fast jedes Zirkuspferd. Wenn Jim auf seiner Gitarre spielte, dann lief Mister Tramp mit hohen Schritten um ihn herum.
Das alles war einfach. Aber Jims kleines Pferd konnte mehr. Es sprang dreimal hintereinander mit Jim auf dem Rücken durch die wirbelnde Lassoschlinge. Dieses Kunststück war einmalig. Kein anderes Pferd konnte ihm das nachmachen. Jim war ungeheuer stolz auf Mister Tramp, und er bedauerte sehr, daß sie keine Zuschauer hatten. Nur ein paar kleine Enten schauten aus dem Schilf heraus, und die verstanden nichts vom Zirkus.

Eines Tages machte er eine Entdeckung. Er fand ein an einem Baumstamm genageltes Stück Papier. Und weil die Nachricht «An alle Cowboys» adressiert war, beschloß Jim, sie zu lesen. Sie lautete:

An alle Cowboys
Am Sonntag nach dem nächsten Vollmond findet in Silvertown ein großes

COWBOYFEST

statt. Jeder soll zeigen, was er am besten kann. Der Sieger wird Cowboykönig. Er bekommt ein Band aus echtem Gold für seinen Hut und wird Ehrenbürger von Silvertown. Außerdem darf er sich etwas wünschen. Alle Cowboys im Umkreis von hundert Meilen und mehr sind herzlichst eingeladen.
Der Bürgermeister

Und dann stand noch da, wie man nach Silvertown kommt. Man muß nämlich den Elchfluß entlangreiten, dann am großen Wasserfall links abbiegen und das Tal der Indianerfrau durchqueren. Am Ende des Tals steht ein großer Baum, an dessen Stamm ein Wegweiser befestigt ist. Diesem muß man folgen, bis man die Stadt erreicht.
Jim beschloß, das Fest zu besuchen und sich am Wettbewerb zu beteiligen. Er konnte es kaum erwarten.
Als es endlich soweit war, sattelte er Mister Tramp und ritt los. Er folgte dem Elchfluß, bog am großen Wasserfall links ab, und nachdem er sich auch weiterhin genau an die Beschreibung gehalten hatte, kam er nach Silvertown. Dort waren die Vorbereitungen schon in vollem Gange. Die einen fegten den Marktplatz sauber, auf dem das Fest stattfinden sollte, die anderen schleppten Stühle herbei und stellten sie auf.
Straßenhändler boten Kautabak, künstliche Blumen und silberne Sporen an, und eine Musikkapelle übte die neuesten Cowboyschlager.

Jim und Mister Tramp übernachteten in einer alten Scheune. Am nächsten Morgen stand er früh auf und kämmte sich sorgfältig die Haare. Ein Cowboy macht das mit den fünf Fingern seiner rechten Hand. Auf die gleiche Weise behandelte er Mister Tramps Schweif und Mähne. Dann bearbeitete er Sattel und Zaumzeug mit einer alten Speckschwarte, bis sie wie ein Spiegel glänzten. Er putzte sich die Nase, bestieg sein Pferd und ritt zum Festplatz. Ganz Silvertown war auf den Beinen. Jeder hatte sein bestes Kleid angezogen, und die Frauen trugen ihre schönsten Hüte. Jim sah viele Reiter auf prächtigen Pferden. Das kostbare Sattelzeug war über und über mit silbernen Nägeln verziert. Das glänzte und gleißte in der Sonne wie Tautropfen auf einem Grasbüschel. Eine Kutsche nach der anderen rollte vorbei. Es waren Einspänner, Zweispänner und sogar Vierspänner. Jim wurde es etwas ängstlich zumute. Vielleicht hatte er sich doch zuviel vorgenommen? Nachdem alle Plätze rund um den Marktplatz besetzt waren, begann das Fest.
Den Auftakt machte die Musikkapelle. Sie fidelte und dudelte, daß es eine Lust war, ihr zuzuhören.
Dann erhob sich der Bürgermeister.
«Hochgeschätzte Damen und Herren», begann er etwas umständlich, «liebe Freunde, Cowboys, Kinder und Pferde! Lassen Sie mich der großen Freude über Ihr zahlreiches Erscheine Ausdruck verleihen, indem ich mich herzlich bei Ihnen bedanke. Wir alle sind hier zusammengekommen, um die hohe Kunst des Cowboyreitens zu bewundern und den besten Reiter herauszufinden. Es wird einen spannenden Wettkampf geben. Um Sie nicht weiter auf die Folter zu spannen, erkläre ich hiermit das große Cowboyfest von Silvertown für eröffnet.»
Die Leute klatschten Beifall.
Kaum hatte er sich wieder auf seinen Platz gesetzt, da galoppierten auch schon mit Peitschenknallen und Jippi-Geschrei vier wilde Cowboys auf den Platz.
«Hei – hei – hei!» brüllten sie und rasten so dicht an den Zuschauern vorbei,

daß die Damen «Huch» kreischten und ängstlich ihre schönen Hüte festhielten. Die Reiter stellten sich im Sattel auf, wechselten im Galopp die Pferde und griffen nach auf den Boden gestellten Whiskyflaschen.

Ehe sich die Leute von ihrem Staunen erholt hatten, waren sie schon wieder draußen. Jetzt wurde eine Gruppe Pferde hereingetrieben, und zwei Cowboys versuchten, eine junge Stute von den übrigen zu trennen. Das war sehr schwierig, denn die Stute war sehr schnell, sie lief immer wieder zurück. Aber nach einer Weile gelang es ihnen doch. Damit war diese Aufgabe erfüllt. Einige Männer gaben sich Mühe, auf einem mächtigen Stier zu reiten. Der Stier bockte und versuchte mit aller Gewalt, den Reiter wieder loszuwerden. Seine Augen rollten böse. Plötzlich warf er sich zu Boden. Der Cowboy auf seinem Rücken schoß einen Salto und landete weit von ihm entfernt zu Füßen einer Dame, die gleich in Ohnmacht fiel. Dem nächsten Reiter erging es nicht anders und dem übernächsten auch nicht. Am Ende war der Stier Sieger.

Jetzt wurde eine kleine Pause eingelegt, bevor das Fest seinem Höhepunkt entgegenging. Die Herren nahmen eine Prise Kautabak, die Damen lutschten Bonbons und die Kinder Eis am Stiel.

Jim lief das Wasser im Mund zusammen. Nach der Pause zeigten verschiedene Cowboys ihre Künste. Old Sam, einer der berühmtesten, führte einen feurigen Hengst vor. Das Pferd stieg kerzengerade in die Höhe. Es steckte den Kopf zwischen die Beine und schlug aus. Es sprang seitwärts und drehte sich dabei, aber Old Sam fiel nicht herunter.

Das war gut, und die Leute klatschten Beifall. Der wilde Benjamin fing eine Kuh. Sie rannte von einer Ecke in die andere, und ihre Hörner hatten gefährliche Spitzen. Benjamin verfolgte sie hartnäckig. Dann, als die Gelegenheit gerade günstig war, warf er ihr blitzschnell sein Lasso um die Hörner.

Da gab die Kuh ihren Widerstand auf.

Sie war gefangen.

Das war sehr gut.

Die Leute klatschten und schrien.

Jetzt kam Jim an die Reihe. Er konnte nicht so gut reiten wie Old Sam, denn Mister Tramp bockte und stieg nie. Und er konnte nicht so gut Kühe fangen wie der wilde Benjamin. Die Kühe taten ihm nämlich leid. Er lockte sie lieber hinter sich her, als sie vor sich herzutreiben.

Deswegen hatte er beschlossen, nur das zu zeigen, was er wirklich am besten konnte. Er wollte singen, das Lasso werfen, mit Mister Tramp seilspringen, und das alles zu gleicher Zeit. Er ritt in die Mitte des Platzes. Dort nickte er freundlich nach allen Seiten.

Dann nahm er das Lasso vom Sattelhorn und legte es langsam und sorgfältig in gleichgroße Schlingen.

Atemlose Stille herrschte. Sogar die Kinder hörten auf, Eis zu lutschen. Jetzt begann Jim, das Lasso langsam über seinem Kopf kreisen zu lassen. Die Schlinge wurde größer und größer. Bald war sie so groß, daß Pferd und Reiter bequem in ihr Platz hatten.

Jim senkte den Arm so weit, daß sich das wirbelnde Lasso etwa in Höhe von Mister Tramps Nase befand.

Er holte tief Luft und sang:

> *«Jetzt sing ich das Lied vom fröhlichen Jim,*
> *und wer es nicht mag, der höre nicht hin.*
> *Jippedihott und hoppedihü –*
> *Wild ist der Westen und weit die Prärie.»*

Hier gab er seinem Pferd ein kleines Zeichen. Mister Tramp sprang zum erstenmal.

> *«Jim war ein Cowboy. Er hatte kein Geld,*
> *und Reiten war ihm das Schönste der Welt.*
> *Jippedihott und hoppedihü –*
> *Wild ist der Westen und weit die Prärie.»*

Die Gesichter der Menschen zeigten ungläubiges Staunen beim zweitenmal.

*«Lasso und Sattel, Gitarre und Pferd,
waren ihm mehr als sein Leben wert.
Jippedihott und hoppedihü –
Wild ist der Westen und weit die Prärie.»*

Nach dem dritten Sprung rannten sie auf den Platz, umringten Jim und Mister Tramp und jubelten:
«Jim, der Cowboykönig, und sein Pferd Mister Tramp sollen leben hoch – hoch – hoch!»
Die Kapelle spielte einen Tusch und dann den berühmten Silvertown-Doodle, das Leib- und Magenlied aller Silvertowner. Der Bürgermeister überreichte ihm den Ehrenbürgerbrief und das goldene Band für seinen Hut. Außerdem durfte er sich etwas wünschen, und natürlich war das ein Beutel voll Zuckerstückchen, den er gleich mit Mister Tramp teilte.
Dann kam die Ehrenrunde.
Zu seiner Rechten galoppierte der wilde Benjamin und zur Linken Onkel Sam. Mister Tramp hob den Kopf und spitzte die Ohren. Seine Augen blitzten vor Freude, und die Leute raunten sich zu:
«Ah, schaut Jim den Cowboykönig an, was hat er doch für ein prächtiges Pferd!»
Das war der größte Augenblick in Jims Leben. Er blieb noch einige Tage in Silvertown und ließ sich feiern. Die Frau des Sheriffs lud ihn zum Tee ein, den Schulkindern erzählte er seine Abenteuer, und abends trank er mit den Farmern im Wirtshaus einen Whisky oder zwei.
Doch lange hielt er es nicht aus. Er wollte weiter. In den Süden wollte er. Dorthin, wo die Leute wagenradgroße Hüte trugen und wo jede Kaktee mit süßer Milch angefüllt war.

Gabi Gaull

Tommi, der Schneemann

Tommi kam am ersten kalten Wintertag zur Welt. Das war an einem Tag im Dezember, nicht an irgend einem Dezembertag, nein, es war am Tag vor Weihnachten. Und der Weihnachtstag ist für die Schneemänner – wie ihr gewiß alle wißt – ein besonderer Tag, denn am Weihnachtstag erwachen alle Schneemänner für vierundzwanzig Stunden zum Leben.

Tommi war ein sehr schöner Schneemann. Angelika, ein kleines achtjähriges Mädchen mit einem blonden Haarschopf, einer Stupsnase und vielen, vielen Sommersprossen auf dieser Stupsnase, hatte ihn an einem schulfreien Nachmittag gebaut. Auf den Kopf hatte sie ihm einen grauen Hut gesetzt, für die Augen hatte sie zwei gleichgroße Steine gesucht. Von Mutter hatte sie für die Nase eine schöne Rübe bekommen, ja sogar noch ein paar glänzende Knöpfe aus dem Nähkorb, die sie auf Tommis runden Bauch steckte. Als Vater heimgekommen war und den Schneemann eingehend bewundert hatte, hatte er geheimnisvoll in seiner Raritätenschublade gekramt, Angelika eine richtige Pfeife in die Hand gedrückt und schmunzelnd gesagt: «Damit es deinem Tommi nicht langweilig wird!»

Am selben Abend schlich Angelika nochmals aus dem Haus und legte Tommi fürsorglich eine Decke um die eisigen Schultern, damit er nicht friere.

Tommi erwachte am nächsten Morgen zeitig. Er war gutgelaunt und freute sich so sehr auf den Abend, daß er vor lauter Freude am liebsten einen Luftsprung gemacht hätte, aber das konnte er ja nicht, weil er ja erst am Weihnachtsabend lebendig wurde. Tommi träumte ein wenig vor sich hin, da sah er Angelika, die noch im Nachthemd in den Garten hinaushuschte, um ihm

«Guten Tag» zu sagen. «Guten Morgen, hast du gut geschlafen, Tommi?» erkundigte sie sich liebevoll.

«Oh ja, ausgezeichnet. Deine Decke hat gut gewärmt!» dachte Tommi und war beinahe ein wenig traurig, weil er Angelika keine Antwort geben konnte. Doch da sagte sie laut: «Du hast also gut geschlafen, das ist ja fein. Nun muß ich aber die Decke wieder mitnehmen, weißt du, Mutti darf nicht sehen, daß ich dir die Decke gegeben habe, sonst ist sie böse mit mir! Bis heute nachmittag, sei schön brav und gib acht, daß die Sonne dich nicht aufißt!» Doch die Sonne schlief den ganzen Tag, eingehüllt in den grauen Himmel. So war Tommi am Nachmittag noch genauso schön wie am Tag zuvor. Dann kam Angelika wieder.

«Tommi, ich muß nun leider fort. Wir besuchen meine Oma, und ich kann dich nicht mitnehmen, doch morgen bin ich wieder zurück. Auf bald Tommi!» Sie nahm ihm die Pfeife aus dem Mund und drückte ihm einen Abschiedskuß auf den kalten Mund.

«Oh Tommi, bist du kalt!» rief sie lachend aus.

«Schade, daß du zu deiner Oma fährst», dachte Tommi bei sich, «es wäre sehr schön gewesen, wenn du ein wenig bei mir geblieben wärst!» «Fröhliche Weihnachten, Tommi!» rief Angelika noch und stürmte davon. «Schöne Weihnachten!» dachte Tommi.

Tommi vertrieb sich die Zeit damit, den Passanten nachzublicken, die auf der nahen Straße vorbeihasteten, wahrscheinlich, um die letzten Einkäufe vor dem Heiligen Abend zu besorgen. Da kamen drei Jungen.

«Heh, seht euch mal den Schneemann an!» rief der Größte. Alle drei blieben stehen und glotzten Tommi an, so daß es ihm recht unbehaglich zumute wurde.

«Wißt ihr was, ich wollte eigentlich schon immer rauchen, doch ich habe noch nie eine eigene Pfeife gehabt!» sagte einer der Jungen. «Und ich habe einen so großen Hunger, daß ich am liebsten in die schöne Nase hineinbeißen möchte.» sagte der zweite.

«Die Knöpfe sind recht hübsch, ich wette, ich bekomme eine Menge anderer Dinge, wenn ich sie eintausche,» meinte der dritte.

Und ehe sich's Tommi versah, hatten die drei Jungen ihm die Pfeife, die Rübe und alle Knöpfe gestohlen. Gerade in diesem Augenblick kam noch ein vierter Junge die Straße entlang geschlendert, und die drei Jungen beschlossen, ihm Tommis Hut zu schenken. Dann zogen alle vier weiter und waren sehr stolz über ihre Beute.

Tommi dachte an Angelika und wurde traurig.

«Was sagt sie wohl, wenn sie mich hier so stehen sieht?» fragte er sich.

Da schlug es vom nahen Kirchturm vier Mal, und das bedeutete, daß für genau vierundzwanzig Stunden alle Scheemänner der Welt lebendig sein würden. Aber Tommi war viel zu traurig, um sich darüber zu freuen, denn wie sah er jetzt aus – richtig häßlich! Er war gar kein echter Scheemann mehr, denn ein Schneemann ohne einen Hut, eine Nase, zwei Augen und viele Knöpfe war kein echter Scheemann mehr.

Daher beschloß er die Pfeife, die Knöpfe, die Rübe und den Hut wieder zurückzuholen.

Noch etwas schwerfällig, denn er mußte ja zuerst laufen lernen, schlich er hinter den Jungen her. Der älteste von ihnen hatte den Hut aufgesetzt, die Pfeife in den Mund gesteckt, und die drei anderen lachten laut. Doch die Jungen liefen so schnell, daß Tommi ihnen nicht mehr folgen konnte. Er ahnte, daß er alleine seine gestohlenen Sachen niemals zurückbekäme und so beschloß er, andere Schneemänner um Hilfe zu bitten. Es dauerte auch nicht lange, und er begegenete dem ersten Schneemann.

«Guter Schnee!» sagte dieser, was bei den Menschen soviel wie «Guter Abend!» heißt. «Guter Schnee!» antwortete Tommi und erzählte ihm von seinem Unglück. Der andere Scheemann hörte ihm teilnahmevoll zu und versprach: «Ich werde dir gerne helfen, Tommi. Ich habe auch schon eine Idee, wir werden alle Schneemänner zusammenrufen, und dann suchen wir gemeinsam die gestohlenen Sachen.»

«Das ist sehr nett von dir, doch weißt du, ich habe nicht mehr viel Zeit, morgen kommt Angelika zurück, und ich muß vor ihr wieder im Garten stehen.»
Die beiden Schneemänner beschlossen, jeder solle für sich nach anderen Schneemännern suchen und allen sagen, daß sie hierher zum Hügel kommen sollten. Tommi traf schon nach kurzer Zeit einen dicken Schneemann.
«Guter Schnee!» rief dieser fröhlich und Tommi bat ihn um Hilfe. Die Geschichte von Tommi verbreitete sich rasch und schon nach einigen Stunden hatten sich viele hundert Schneemänner an dem vereinbarten Treffpunkt versammelt. Tommi war plötzlich nicht mehr so traurig, als er die vielen Schneemänner sah, die ihm alle helfen wollten. Da sah man die lustigsten Schneemänner, solche mit drei Bäuchen, andere hielten Besen in den Händen und andere hatten sogar einen Hals.
Tommi bat um Ruhe und begann laut zu sprechen:
«Guter Schnee! Es freut mich, daß ihr so zahlreich erschienen seid. Wie ihr gehört habt, haben vier Jungen mir meinen Hut, meine Pfeife, meine Nase und meine schönen Knöpfe gestohlen. Wollt ihr mir helfen, diese Sachen wiederzufinden?»
«Ja!» ertönte es einstimmig.
Die Schneemänner beschlossen, sich aufzuteilen und sich nach zwei Stunden wieder hier zu treffen. Sie waren alle sehr gescheit und ahnten, daß die Jungen ihre Beute gewiß in ihrem eigenen Versteck aufbewahren, vielleicht in einer Höhle, auf einem Baum oder in einer Hütte. Und die Schneemänner hatten recht, sie mußten gar nicht lange suchen, die Pfeife fanden sie in einer Baumhütte, und bei näherem Untersuchen der Hütte stellte sich heraus, daß die Jungen ihre gesamte Beute hier aufbewahren, auch den Hut, die Knöpfe und die Rübennase. Bloß war von der schönen Rübennase nur noch die Hälfte da. Nach den vereinbarten zwei Stunden trafen sich die Schneemänner wieder und alle freuten sich, daß Tommi nun wieder der schöne Schneemann von früher war. Tommi war so froh, die Sachen wieder zu haben, daß er fast nicht mehr traurig war, bloß noch eine halbe Rübennase zu haben. Er

dankte allen Schneemännern, und wenn es nicht so viele gewesen wären, hätte er jedem einzelnen die Hand gedrückt. Nun lief er so rasch er konnte nach Hause zurück. Der Morgen dämmerte schon, als er sich völlig atemlos an seinen alten Platz stellte. Er war so müde, daß er sofort einschlief. Er erwachte erst wieder, als er eine feine Berührung spürte. Es war Angelika, die ihm eine neue, noch viel schönere Nase in seinen Schneekopf steckte.
«Guten Tag, Tommi, ich freue mich, daß ich wieder da bin!» flüsterte sie in sein Ohr und umarmte ihn.
«Ich auch!» seufzte Tommi laut, so laut sogar, daß es Angelika hören mußte.

Gina Ruck-Pauquèt

Eumel

Der Fluder Anton war ein Sportflieger. Manchmal zog er so eine blöde Margarine-Reklame am Himmel entlang. Für Geld tat er das.

Sonst ist der Anton ein ganz vernünftiger Mensch gewesen. Da ist ihm nun diese Geschichte passiert:

Eines Tages fliegt er spazieren, einfach so, weil er noch ein bißchen Benzin hat, und weil es ihm Freude macht, daß die Sonne scheint.

Plötzlich kriegt die Maschine den Schluckauf.

«Hoppla!» sagt der Fluder Anton.

Da gehts auch schon runter. Der Anton schafft eben noch eine Notlandung. Ein bißchen zitterig steigt er aus, sieht sich die Sache an, und weil nur eine Schraube fehlt und sonst nichts, beschließt er, in den nächsten Ort zu gehen und die Schraube zu kaufen.

«EUMEL», steht auf dem Ortsschild.

Der Fluder Anton schaut auf der Karte nach, aber EUMEL ist nicht drauf. Also geht er weiter. «Guten Tag», sagt er zu einem, der ihm entgegenkommt.

«Eumel», sagt der und zieht den Hut.

«Ja, ich weiß», sagt der Anton. «Mein Name ist Fluder», sagt er, «Anton. Ich bin hier abgestürzt.»

«Eumel», sagt der Mann und lächelt.

«Ich suche...», sagt der Anton.

Aber da sagt der schon wieder: «Eumel», und da ist der Anton ganz verwirrt.

Er läßt den Eumel stehen und geht in den Ort hinein. An sich ist der Ort wie andere Orte auch. An jeder Straßenecke ist ein Schild, und über jedem Geschäft hängt auch eins.

Es ist nur so, dass auf jedem Schild EUMEL steht.

«Eumel, Eumel», liest der Anton, «Eumel, Eumel, Eumel.»

Sogar auf den Autoschildern.

Dick geschrieben, dünn, gesperrt, eng, rot, grün, gelb, breit, lang, verschlungen, hoch, schwarz, klein, kariert, und niedrig und was sonst noch alles!

«Nein», sagt der Anton, und er reibt sich die Augen. Aber es ist doch so.

Natürlich drängt sich der Gedanke auf, daß der Anton bei dem Sturz auf den Kopf gefallen ist. Also klingelt er an einer Tür mit einem roten Kreuz bei einem Doktor Eumel. Der eumelt mit einem Hämmerchen auf Antons Hirn herum und schüttelt dann den Kopf.

«Eumel», sagt er, und er schickt den Anton wieder fort.

Der Anton versucht es noch einmal.

«Entschuldigen Sie bitte», sagt er zum ersten besten, den er sieht, «Können Sie mir sagen …?»

«Eumel?» sagt der Mann, und schon bleiben noch mehr Leute stehen und fangen an, zu reden.

Und keiner sagt etwas anderes als ‹Eumel›. Sie zeigen nach links und nach rechts, nach oben und unten und eumeln, daß dem Anton ganz schwindelig wird.

Da haut er ab. Er läuft ein Stück die Eumel-Straße entlang, biegt dann in die Eumel-Gasse ein und betritt ein Eumel, das ein Restaurant ist.

Und da ist er schon so fertig, daß er eben noch bis aufs Clo kommt, wo er erst einmal eumeln muß.

Später setzt er sich allein an einen Tisch und bestellt ein Eumel. Die Kellnerin schaut ihn erstaunt an, und der Anton hat schon so ein blödes Gefühl im Magen, und da bringt sie ihm einen Hering mit Himbeersoße, und der Teufel weiß, wieso.

Doch als der Anton eine Weile still dasitzt und den Leuten zuhört, wird ihm klar, daß sie zwar immer nur Eumel sagen, aber sie sagen es auf sehr verschiedene Art.

Sie sagen es laut und leise, schnell, langsam, hoch, tief, zart, heftig, dumpf, schrill, lang, kurz, dünn, fett und zaghaft.

Sie brüllen es, sie lispeln, stottern und bellen, jodeln, raunzen, nuscheln, lallen, quetschen, knautschen, schreien, brummen, flüstern, fauchen, singen, japsen, quietschen, brabbeln, winseln, hauchen, stöhnen, mauzen, rülpsen und knurren.

Sie eumeln gedehnt, zerhackt, kichernd und kreischend.

Der Anton stöhnt in seinem tiefen Innern. Dann nimmt er sich eine Zeitung, aber die ist auch nicht besser. Gerade und schief, von oben nach unten, von unten nach oben, von rechts nach links, von links nach rechts und in allen nur erdenklichen Schrifttypen nichts als Eumel.

Wenn ich das meinem Freund, dem Maier Gustl erzähle, denkt der Anton, dann wird der verrückt.

Er geht auf die Straße hinaus und läuft eine Weile ziellos herum. Am liebsten wäre er heimgeeumelt, aber das kann er nicht, weil er die blöde Schraube nicht hat.

So kauft er sich was in einem Selbstbedienungsladen. Er setzt sich auf eine Mauer, streicht sich ein Stück Eumel aufs Brot, drückt es flach und beißt ab.

Als der Anton den Köter sieht, denkt er natürlich, daß der nun loseumelt.

Aber das tut der nicht.

Er macht sein Maul auf und sagt: «Wau!»

Da treibt es dem Fluder Anton vor Rührung die Tränen in die Augen, und er schenkt dem Hund sein Wurstbrot.

«Bleib bei mir», sagt er.

Aber der Hund eumelt nur kurz mit dem Schwanz und verschwindet.

Da ist der Anton wieder allein. Es wird Abend. Aus den Häusern dringen die Eumel-Nachrichten, denn es ist Sommer, und die Fenster stehen offen.

Es ist alles so furchtbar fremd, daß dem Anton die Eumel in die Augen schießen.

«Verflixt und zugenäht», sagt er zu sich selber, und er reißt sich zusammen.
Als es schon ganz dunkel ist, kommt der Anton in den Park. Vom vielen Laufen hat er eine Eumel am Fuß. Da hört er Musik, und er sieht, daß die Leute im Park ein Fest feiern.
Die Musik ist sehr schön und überhaupt nicht eumelig. Der Anton wird ganz glücklich davon. Er setzt sich unter einen Strauch, wo auch schon ein Mädchen sitzt, und er lächelt.
Und das Mädchen lächelt auch und heißt Eumel, das ist ja klar. Aber der Anton hütet sich, ihren Namen auszusprechen. Nachher schafft er es mit der Betonung nicht, und er sagt ganz was Falsches, und zum Schluß vereumeln ihn die Leute noch.
Nein, da legt er lieber seinen Arm um die Schultern des Mädchens und ist still und gar nicht mehr einsam. Und das Mädchen riecht gut und fühlt sich mollig warm an, und sie eumelt ihren Kopf an den Kopf vom Anton.
Aber blöd, wie es manchmal im Leben zugeht, findet der Fluder Anton genau in dem Augenblick mit der anderen Hand im Gras eine Schraube. Es ist so eine Schraube, wie er sie sucht.
Und weil er die Schraube doch unbedingt gewollt hat, zeigt der Anton mit dem Finger irgendwohin, um das Mädchen abzulenken und eumelt los.
Er findet sein Flugzeug, baut die Eumel ein, startet und läßt alles hinter sich.
Aber irgendwas hat er doch mitgenommen. So eine Art Eumel-Bazillus. Denn, seitdem der Fluder Anton nun wieder zuhause ist, ist er seltsam geworden. Da könnt ihr auch den Maier Gustl fragen.
Vielleicht hätte er nicht wegen der dämlichen Schraube das Mädchen allein unter dem Strauch sitzenlassen sollen. Jedenfalls eumelt der Anton so vor sich hin. Die Margarinefabrik hat ihn auch schon entlassen.
Wenn er Geld für Benzin hat, der Anton, dann fliegt er rum und zieht eine Schrift hinter sich her:
EUMEL

Karlhans Frank

Dornröschen nach dem Erwachen

15 Jahre war die Prinzessin alt. Dann ist sie eingepennt für 100 Jahre. Sie ist in der Zeit nicht klüger und nicht schöner geworden. Runzeln hat sie gekriegt und einen blöden Gesichtsausdruck. Die ungeputzten Zähne sind ihr aus dem Mund aufs Kopfkissen gefallen. Die ungekämmten Haare sind gewachsen, grau und brüchig geworden. Staub hat die Prinzessin grau gepudert. Langsam hat sie über 100 Jahre angefangen, wie ein vergammelter Käse zu stinken.

Im Turmzimmer lag sie. Frost hatte das Dach geknackt. Regen hatte es aufgeweicht. Dann hat es auf die staubige Prinzessin getropft. So entstand stellenweise auf ihr eine grünschillernde Schmiere.

Das ungeheizte Schloß ohne Leben war an etlichen Stellen kaputt. Die goldene Krone des Königs war fleckig und dreckig geworden. Die Königin hatte vom Schlafen eine flatschige Unterlippe bekommen und war vom Hofnarren nicht zu unterscheiden.

In der Küche hockte der abgemagerte Koch vor seinem 112jährigen Lehrbuben, und dem ehemaligen Braten in der einstigen Pfanne konnte auch kein Ölwechsel mehr helfen.

Vor dem Schloß lagen die schlafenden Wachsoldaten in verrosteten Rüstungen ziemlich verschüttet unter altem Laub.

Aber ums ganze Elend herum blühte, wuchs und wucherte eine ungeheuer schöne und dichte Rosenhecke. Die hatte Glück, denn in den letzten 100 Jahren war an dieser Stelle keine Autobahn geplant gewesen, sonst wäre sie längst mit Baggern, Walzen und Planierraupen beseitigt worden.

Außerdem hatte der örtliche Fremdenverkehrsverein sich für die Hecke eingesetzt, und ein beamteter Reiseführer erzählte den Touristen vor der Dornenhecke immer die Geschichte von der Prinzessin Dornröschen, geboren 1854 als Tochter von Luitpold dem Dicken und seiner Frau Rotunda der Stolzen.

Seit König Luitpold eingeschlafen war, gab es auch keinen König mehr im Land ringsum die Dornröschen-Hecke. Die Untertanen nämlich waren wach geblieben, wählten sich jetzt alle vier Jahre einen Präsidenten. Sie gehörten also nicht mehr dem König, sondern der Präsident gehörte ihnen. Das fanden alle prima.

Genau zum 115. Geburtstag der Prinzessin führte der beamtete Reiseführer wieder eine Gruppe von Touristen vor die Rosenhecke. Dabei war ein junger Kraftfahrzeugmechaniker namens Karl Prinz. Der hörte sich die Dornröschen-Geschichte an, ging dann von der Gruppe weg, zwängte sich an einer Stelle durch die Hecke, stieg über die Wachsoldaten weg, kletterte die halbverfallene Treppe des Schlosses hinauf, kam in die Turmkammer, in der das Dornröschen schnarchte.

Pfui! wie's da stank. Igitt! sah die alte Prinzessin schlampig aus.

Karl Prinz hielt sich die Nase zu und watete vorsichtig durchs Gerümpel und über die Löcher im Boden hinweg zum Bett der Prinzessin. Küssen mochte er die nun wirklich nicht, und er wollte schon wieder gehen, da stolperte er über einen alten Sessel und fiel auf die Prinzessin drauf.

Die wurde wach. Sie quietschte verrostet mit ihrer seit 100 Jahren unbenutzten Stimme. Gleichzeitig wurden die andern Schloßbewohner wach. Die Soldaten puhlten sich das Moos aus den Ohren, und da hörte ein Hauptmann das Prinzessin-Gequietsche.

Mit seinen Leuten humpelte er die Treppe hinauf. Dabei verloren sie stückeweise ihre Rüstungen. Karl Prinz erschrak sehr, als die nackten Greise mit knochigen Fingern nach ihm griffen. Er kam gar nicht auf die Idee, sich zu wehren. So wurde er vor den erwachten König und dessen Frau geschleppt. Dornröschen schlurfte und latschte hinterher.

«Was ist?», fragte der König und gähnte, reckte sich dabei. Das hielt sein morscher Thron nicht aus und krachte unter ihm zusammen.

«Er hat mich geküßt!», röchelte die Prinzessin, denn davon hatte sie 100 Jahre lang geträumt.

«Wer ist das überhaupt?», wollte die Königin wissen, und der junge Kraftfahrzeugmechaniker verbeugte sich, stellte sich vor: «Prinz, Karl.»

«Aha, der Prinz Karl», sagte der König.

«Er muß mein Kind heiraten, wenn er es geküßt hat», keifte die Königin.

Da wurde Karl Prinz ohnmächtig, und er fiel um, auf den König. Der sprach gerührt: «Schon gut, mein Junge», denn er dachte, der junge Mann habe sich aus Dankbarkeit und Freude auf ihn gestürzt, um ihn zu umarmen.

Inzwischen war die Dornröschen-Hecke ganz plötzlich verwelkt, hatte alle Dornen von sich geworfen, war zusammengesunken. Wissenschaftler sagten später, ein neues Düngemittel, das der Ortsgärtner am Tag vorher in die Hecke gespritzt habe, sei daran Schuld gewesen. Jedenfalls waren viele Neugierige über die Heckenreste hinweg in den Schloßhof gelaufen, das Fernsehen hatte ein Team geschickt, es gab Gedränge und ein bis ins Schloß hörbares Volksgemurmel.

Der uralte König meinte: «Mein Volk ruft nach mir. Ich will zu ihm reden.» Auf den wackeligen Hofnarren und einen klapperigen Minister gestützt schleppte er sich auf den Balkon. Von dort krächzte er: «Mein Volk!»

Die Leute im Schloßhof fanden diese Aufführung wirklich ulkig, guckten und lachten. Die Fernsehmänner richteten ihre Kameras auf den komischen König.

Da stürzte hinter dem König aus der Balkontür ein 112jähriger Opa, der hielt sich die hohle Wange und plärrte: «Er hat mich gehauen. Er hat mich gehauen!» Das war der Koch-Lehrling.

In der Menge war zufällig auch ein Vertreter der Gewerkschaft Nahrung und Genuß, der natürlich sofort eine Untersuchung einleitete. Er eilte in die Küche, um den Koch zur Rede zu stellen, aber als er diese Küche sah und roch, nahm er dem Koch nur schweigend die graubraune Kochmütze ab, die zu Boden fiel und zerbröselte.

Jetzt wurde Karl Prinz wieder wach, weil seine Braut mit ihren Spinnefingern ihn kraulte. Er sprang auf und rannte weg.

Die Prinzessin krächzte: «Mein Mann läuft fort!» Sie keuchte hinter ihm her. So sah sie noch, wie er auf ein Motorrad sprang, darauf knatternd sich entfernte. So etwas war ihr neu. «Das war der Teufel», murmelte sie. Dann starb sie an gebrochenem Herzen.

Auch die anderen Schloßbewohner lebten nicht mehr lange, aber niemand trauerte richtig um sie, denn man sagte: «Sie waren doch schon im richtigen Alter zum Sterben.»

Nur der Direktor einer Pillenfirma war ein wenig verzweifelt, denn er hatte mit der Familie Plakate machen wollen für Schlafmittel und für Länger-lebe-Kapseln.

Wolf Biermann

Das Märchen vom kleinen Herrn Moritz, der eine Glatze kriegte

Es war einmal ein kleiner älterer Herr, der hieß Herr Moritz und hatte sehr große Schuhe und einen schwarzen Mantel dazu und einen langen schwarzen Regenschirmstock, und damit ging er oft spazieren.
Als nun der lange Winter kam, der längste Winter auf der Welt in Berlin, da wurden die Menschen allmählich böse.
Die Autofahrer *schimpften,* weil die Straßen so glatt waren, daß die Autos ausrutschten. Die Verkehrspolizisten *schimpften,* weil sie immer auf der kalten Straße rumstehen mußten. Die Verkäuferinnen *schimpften,* weil ihre Verkaufsläden so kalt waren. Die Männer von der Müllabfuhr *schimpften,* weil der Schnee gar nicht alle wurde. Der Milchmann *schimpfte,* weil ihm die Milch in den Milchkannen zu Eis gefror. Die Kinder *schimpften,* weil ihnen die Ohren ganz rot gefroren waren, und die Hunde *bellten* vor Wut über die Kälte schon gar nicht mehr, sondern zitterten nur noch und klapperten mit den Zähnen vor Kälte, und das sah auch sehr böse aus.
An einem solchen kalten Schneetag ging Herr Moritz mit seinem blauen Hut spazieren, und er dachte: «Wie böse die Menschen alle sind, es wird höchste Zeit, daß wieder Sommer wird und Blumen wachsen.»
Und als er so durch die schimpfenden Leute in der Markthalle ging, wuchsen ganz schnell und ganz viel Krokusse, Tulpen und Maiglöckchen und Rosen und Nelken, auch Löwenzahn und Margeriten. Er merkte es aber erst gar nicht, und dabei war schon längst sein Hut vom Kopf hochgegangen, weil die Blumen immer mehr wurden und auch immer länger.
Da blieb vor ihm eine Frau stehn und sagte: «Oh, Ihnen wachsen aber schöne Blumen auf dem Kopf!»

«Mir Blumen auf dem Kopf!» sagte Herr Moritz, «so was gibt es gar nicht!»
«Doch! Schauen Sie hier in das Schaufenster, Sie können sich darin spiegeln. Darf ich eine Blume abpflücken?»
Und Herr Moritz sah im Schaufensterspiegelbild, daß wirklich Blumen auf seinem Kopf wuchsen, bunte und große, vielerlei Art, und er sagte: «Aber bitte, wenn Sie eine wollen...»
«Ich möchte gerne eine kleine Rose», sagte die Frau und pflückte sich eine.
«Und ich eine Nelke für meinen Bruder», sagte ein kleines Mädchen, und Herr Moritz bückte sich, damit das Mädchen ihm auf den Kopf langen konnte. Er brauchte sich aber nicht so sehr tief zu bücken, denn er war etwas kleiner als andere Männer. Und viele Leute kamen und brachen sich Blumen vom Kopf des kleinen Herrn Moritz, und es tat ihm nicht weh, und die Blumen wuchsen immer gleich nach, und es kribbelte so schön am Kopf, als ob ihn jemand freundlich streichelte, und Herr Moritz war froh, daß er den Leuten mitten im kalten Winter Blumen geben konnte. Immer mehr Menschen kamen zusammen und lachten und wunderten sich und brachen sich Blumen vom Kopf des kleinen Herrn Moritz, und keiner, der eine Blume erwischt hatte, sagte an diesem Tag noch ein böses Wort.
Aber da kam auf einmal auch der Polizist Max Kunkel. Max Kunkel war schon seit zehn Jahren in der Markthalle als Markthallenpolizist tätig, aber so was hatte er noch nicht gesehn! Mann mit Blumen auf dem Kopf! Er drängelte sich durch die vielen lauten Menschen, und als er vor dem kleinen Herrn Moritz stand, schrie er: «Wo gibt's denn so was! Blumen auf dem Kopf, mein Herr! Zeigen Sie doch mal bitte sofort Ihren Personalausweis!»
Und der kleine Herr Moritz suchte und suchte und sagte verzweifelt: «Ich habe ihn doch immer bei mir gehabt, ich hab ihn doch in der Tasche gehabt!»
Und je mehr er suchte, um so mehr verschwanden die Blumen auf seinem Kopf.
«Aha», sagte der Polizist Max Kunkel, «Blumen auf dem Kopf haben Sie, aber keinen Ausweis in der Tasche!»

Und Herr Moritz suchte immer ängstlicher seinen Ausweis und war ganz rot vor Verlegenheit, und je mehr er suchte – auch im Jackenfutter –, um so mehr schrumpften die Blumen zusammen, und der Hut ging allmählich wieder runter auf den Kopf! In seiner Verzweiflung nahm Herr Moritz seinen Hut ab, und siehe da, unter dem Hut lag in der abgegriffenen Gummihülle der Personalausweis. Aber was noch!? Die Haare waren alle weg! Kein Haar mehr auf dem Kopf hatte der kleine Herr Moritz. Er strich sich verlegen über den kahlen Kopf und setzte dann schnell den Hut drauf.
«Na, da ist ja der Ausweis», sagte der Polizist Max Kunkel freundlich, «und Blumen haben Sie ja wohl auch nicht mehr auf dem Kopf, wie?!»
«Nein...», sagte Herr Moritz und steckte schnell seinen Ausweis ein und lief, so schnell man auf den glatten Straßen laufen konnte, nach Hause. Dort stand er lange vor dem Spiegel und sagte zu sich: «Jetzt hast du eine Glatze, Herr Moritz!»

Bernd Jentzsch

Ein Haus wie kein anderes Haus

Ich kenne ein seltsames Haus, das ist so seltsam wie kein anderes. Das Haus steht auf einer Wiese, durch die Wiese fließt ein Bach, und die Fische im Bach springen eine Handbreit aus dem Wasser, wenn sie dort vorbeikommen, um das Haus zu sehen. Das Haus hat vier Zimmer, drei über der Erde und eins unterm Himmel im Vorgarten. Es ist ein schönes Haus aus gelben und roten und blauen Wackersteinen. Auf seinem Dach dreht sich ein Wetterhahn im Wind, vor seinen Fenstern blühen viele prächtige Blumen, und unter seinem Balkon ist der Majoran für den Gänsebraten zum Trocknen aufgehängt. Das Haus hat runde Fenster und eine grüne runde Tür mit einem runden Türklopfer daran. Es ist wahrhaftig das schönste Haus weit und breit. Alle Nachbarn kennen es. Ich kenne es auch, weil es weltbekannt ist. Das Haus ist nämlich ganz und gar kugelrund, ein richtiges Kugelhaus. In dem Haus wohnen ein kleines Mädchen und die Mutter von dem kleinen Mädchen, und ein Mann wohnt in dem Haus, das ist der Vater von dem kleinen Mädchen. Die drei sind rund wie Kugeln: Lange Zeit hießen sie Schreiber, aber eines Tages gefiel ihnen der Name nicht mehr, und sie fuhren in die Stadt und holten sich einen besseren Namen. Seit gestern heißen sie Kugelschreiber. Wenn die Kugelschreiber-Tochter Taschengeld bekommt, kauft sie sich nur Bonbons, die rund sind. Wenn Vater Kugelschreiber in den Vorgarten geht, um Luft zu schnappen, sagt er: Ich mache schnell noch einen Rundgang. Wenn Mutter Kugelschreiber im Papierwarenladen einen Kugelschreiber aussucht, denkt sie: Was sind das bloß für spillrige Dinger! Mit Verachtung schauen sie abends zum Himmel hinauf, wo der abnehmende Mond durch die Wolken schwimmt. Am komischsten finden sie Fadennudeln. In den Ferien fährt die Familie Kugelschreiber immer nach Kugelitz, und zu dem Fräulein am Fahrkartenschalter, das den Ort nicht kennt, sagen sie: Er liegt bei Großkugel.

Alles was rund ist, haben sie erfunden, die Teller, die Schöpfkelle und natürlich auch den Fußball. Jedes Jahr erfinden sie etwas dazu. Im vergangenen Jahr haben sie das Rundschreiben erfunden, bald werden sie den Kugelblitz erfinden und eine neue Sportart, das Kugelstoßen. Manchmal sind sie traurig, weil die Erde schon erfunden worden ist. Doch Vater Kugelschreiber tröstet dann die Familie: Die Erde ist ja gar nicht ganz rund, und sie überlegen sich gleich eine andere Erfindung, die ihnen noch keiner wegstibitzt hat. Auch die Wörter erfinden sie neu. Das Wort Rundleder stammt von ihnen, das früher einmal Rindleder hieß, und ihr Radio nennen sie Rundfunk, aber das ist eine Erfindung aus der Zeit, als sie erst mit dem Erfinden angefangen hatten. Vater Kugelschreiber gießt sein Bierglas nicht randvoll, sondern stets rundvoll. Ihr liebster Satz lautet: Das ist ja runderbar. Und sonntags, wenn es besonders gemütlich ist und Mutter Kugelschreiber Rosenkohl oder Erbsen gekocht hat, sagen sie im Chor: Ich könnte mich kugeln! In Wirklichkeit ist ihr Haus nicht aus Wackersteinen gebaut, nein, es sind lauter Kanonenkugeln, und die Zimmer sind in Wirklichkeit auch rund und haben überall runde Ecken. So ein Haus ist sehr praktisch. Im Winter, wenn es eisig kalt wird, löst Vater Kugelschreiber die Bremsschuhe, mit denen er das runde Haus auf der Wiese verankert hat, das kleine Mädchen zieht den Wetterhahn ein, Mutter Kugelschreiber steckt den Majoran in die Gewürzbüchse, und schon rollen sie fort in den warmen Süden. Es kommt vor, daß sie unterwegs noch einmal anhalten, weil es hagelt und die runden Hagelkörner wie verrückt auf dem Dach herumtanzen. Danach rollen sie eilig weiter und rufen alle drei: Jetzt geht's rund! Wenn ihr die Augen ganz fest schließt, könnt auch ihr das seltsame Haus sehen, guckt nur genau hin! In dieser Nacht rollt es durch Rundenstein am Kugelsee.

Kaspar Fischer

Fütterung des Kometen

Der Nikolaus hatte dem Osterhasen im Frühjahr viel geholfen. Nun ging es gegen den Winter, und der Hase hätte auch gerne etwas für den Nikolaus getan. Am liebsten hätte er als Esel ausgeholfen. Seine Ohren wären ja lang genug gewesen, aber die Beine...

Der Nikolaus schnitzte ihm vier zierliche Stelzen, die man mit kleinen Riemen an die Hasenfüße schnallen konnte. Nun mußte aber das Stelzenlaufen geübt werden. Bei Tag wollte der Hase nicht. «Es könnte ein Bauer durch den Wald kommen, und dann geniere ich mich. Außerdem wäre alles verraten.» So trainierten sie eben nachts. Der Nikolaus führte den Hasen geduldig an einem kleinen Halfter, und der Osterhase stapfte auf den Stelzen durch den finstern Wald.

Da bückte sich der Nikolaus, klaubte etwas kleines aus dem nassen Laub und sagte zum Hasen: «Ich habe einen ganz kleinen Ritter-Helm gefunden. Wahrscheinlich wohnen hier in diesem Waldboden Ritter, die nur so groß sind wie meine Hand. Einer von ihnen hat seinen Helm verloren. Schau her, es ist ein hölzerner Helm. Das Visier steht einen Spalt weit offen. Weißt du, was das Visier ist?» Der Osterhase wußte es nicht. «Na ja, dieser Helm ist eigentlich eine winzige Schüssel mit einem Deckel, der genau so groß ist wie die Schüssel. Den Deckel nenne ich das Visier. Der Ritter kann es ganz schließen, dann kann er aber nichts mehr sehn. Hier steht der Deckel wie gesagt einen Spalt weit offen, damit der Ritter hinausblinzeln kann. Warte, ich öffne noch etwas mehr mit meinen Fingernägeln. – O, jetzt ist der Deckel ganz aufgekracht. Das Hirn des Ritters ist drin, schau her. – – Schnell wieder zu, sonst erkältet sich das Hirn.»

Den Osterhasen schmerzten die Füße, die auf den Stelzen festgebunden waren. Er war nicht sehr guter Laune und sagte drum kurz zum Nikolaus: «Was du gefunden hast, ist eine richtige, gewöhnliche Nuß.» «Und du bist ein richtiger, gewöhnlicher Esel», sagte darauf der Nikolaus.

Da öffnete sich der kleine Helm wie ein Schnabel und jauchzte. Es muß ein Lockruf gewesen sein, denn der Stern von Betlehem erschien am Himmel, flog rasch näher und landete beim Nikolaus und dem Hasen. Der weißleuchtende Stern mit dem Kometenschweif kauerte zu ihren Füßen und erhellte die Bäume um sich. Er war etwa so groß wie ein Hahn. Die Zacken des Sterns zitterten wie ein Hahnenkamm, und der Kometenschweif wedelte ganz leicht im Wind. Leider gab der Nikolaus nicht gut acht, und der leuchtende Hahn pickte den zauberhaften Nußkern auf und verschluckte ihn. Nach dem Fressen bewegte er sich weniger ruckartig als zuvor und schien weniger mißtrauisch. Vielleicht konnte man jetzt mit ihm reden?

Der Nikolaus fragte den Hahn: «Wo sind denn deine Hühner?» Der Hahn war ganz entzückt über die Frage, verdrehte seine Augen zum Himmel und lächelte. Dann flog das Tier auf einen niederen Tannenast, daß die Funken stoben. Von diesem Ast flog es weiter auf einen entfernteren Ast – und dann noch einen Ast weiter. Nikolaus und Osterhase begriffen, daß sie ihm folgen sollten. Immer weiter flog der Hahn voran, bis die beiden Nachfolgenden am Rande einer Wiese standen.

Sie waren sehr erstaunt, daß auf dieser Wiese weithin verteilt viele leuchtende Hühner ihr Futter suchten. Vom Nachthimmel herab flatterten immer noch mehr. Was aus der Ferne als kleiner zitternder Stern daherkam, wurde beim Näherkommen zu einem struppigen Huhn, das mit den Flügeln schlug. Viele hundert Hühner landeten, alle leuchteten auf der Wiese herum, denn sie hatten ihre Sternhelligkeit vom Himmel her behalten.

Andere Hühner – viele tausend – landeten nicht, sondern blieben am Himmel. Wahrscheinlich waren sie vernünftig und hatten gesehen, daß sie gar nicht alle miteinander auf der Waldwiese Platz hätten. Bei denen, die noch weit oben im Nachthimmel flatterten, konnte man nicht genau sehen, ob es Hühner oder Sterne waren. Wenn es aber lauter Hühner waren, dann wäre die Milchstraße eine Hühnerfarm mit Millionen von eierlegenden Sternen. – Es tropften auch leuchtende Eier wie Glühbirnen vom Himmel und fielen ins Gras.

Wände aus Tannen standen links und rechts der Wiese. Plötzlich glaubte der Nikolaus zu sehen, daß diese Tannenwände umfielen. Von der Wiese weg kippten die Wälder, als hätte jemand lautlos alle Bäume umgesägt, ohne daß man's gehört hätte. Die Bäume waren aber nicht umgesägt, sondern die Erdkugel war in dieser Nacht zusammengeschrumpft wie ein Ballon, aus dem die Luft entweicht. Die Wiese mit den Sternhühnern lag zuoberst auf der Erdkugel, und gerade dort war diese noch nicht geschrumpft. Aber auf den Seiten ging es gleich hinter dem Wald steil hinunter.

Nikolaus und Osterhase ritten stehend auf dem Rücken der Erde wie auf einem großen schwarzen Vogel, der mit langsamem, keuchendem Flügelschlag die Tannen auf und ab bewegte. Den Kopf sahen sie nie. Der Nikolaus spürte, wie der Riesenvogel voranflog. Auf einmal sackte der Vogel im Flug etwas ab. Darauf war der Nikolaus nicht gefaßt und er verlor den Boden unter den Füßen. Schnell zog er den Osterhasen an sich, der auch in der Luft schwebte. Der Nikolaus war es von früher her gewohnt, zu schweben. Er sah mit seinem dicken Mantel wie eine dunkle Wolke aus. Aber der Osterhase konnte ja nicht fliegen und wäre abgestürzt, wenn der Nikolaus ihn nicht gerettet hätte.

Der schwarze Vogel mit den Tannenflügeln war ins Dunkle verschwunden. Der Nikolaus schwebte – er lag auf dem Bauch in der Luft – zwischen Sternhühnern und hielt den Osterhasen im Arm. Die vier Stelzen des Hasen ragten unnütz in die Nacht. Da der Nikolaus kein gewöhnlicher Mensch ist, kann er zaubern. Er griff jetzt in seinen Bart und raffte einen Ballen von weißen Haaren heraus. Den rieb er in der Hand und streute dann weiße Flocken unter sich in den Sternenhimmel. Es waren aber nicht einfach Schneeflocken, sondern es müssen eine Art Kokosnuß-Flocken gewesen sein. Die Sternhühner schossen nämlich überall herzu und pickten die herabfallenden Flocken aus der Luft, mochten einander nichts gönnen.

James Krüss

Pommelot, der unbesiegte Ritter

Wer als Sohn eines Ritters geboren wurde, war dazu verdammt, ebenfalls Ritter zu werden. Auch wenn er lieber Lieder sang oder die Harfe zupfte, mußte er sich dennoch im Kampfspiel mit Pferd und Lanze üben und den Gesang den herumziehenden Minnesängern überlassen.

Einst bekam ein Ritter einen Sohn, den er Pommelot nannte. Der war von Geburt an pummelig und blieb es sein Leben lang. Auch aß er zeitlebens gern gute Sachen und hatte zur Ritterei nicht die geringste Lust.

Leider mußte er als Rittersohn auch alle Ritterkünste lernen: Fechten, Reiten, Bogenschießen, Lanzenstechen und was derlei brotlose Künste mehr sind. Oft dachte er: «Wenn ich mich schon in brotlosen Künsten üben muß, dann singe und dichte ich lieber!» Aber sein Vater war unbarmherzig. Er ließ ihn mit Falken jagen, er ließ ihn Hirsche hetzen, und er zwang ihn, das Lanzenstechen fürs Turnier zu üben. Nur des Abends durfte Pommelot unter den Erkerfenstern ebenso dicker wie dummer Edelfrauen die Klampfe schlagen und in lächerlichen Versen den Verliebten spielen.

Als dieser Pommelot in das Alter kam, da er zum Ritter geschlagen werden sollte, war er auf das notwendige Turnier schlecht vorbereitet, da er sich wenig Mühe bei den Übungen, dafür aber heimlich um so mehr Mühe beim Dichten gegeben hatte.

Wie es nun Zufall oder Schicksal wollte, gab er seinem – übrigens gutwilligen – Pferd einige Tage vor dem entscheidenden Turnier das übliche Schälchen voll Sirup zur Belohnung für einen langen Ritt. Hierbei fiel ihm auf, mit welcher Gier und Wonne sein Pferd den Sirup schleckte. Da kam ihm ein wunderlicher, ganz und gar unritterlicher Einfall.

«Wenn unsere Pferde so gern Sirup schlecken», sagte er sich, «dann soll der Sirup mich zum einzigen unbesiegten Ritter dieser Erde machen!»

Um seinen Einfall zu verwirklichen, waren allerdings einige Vorbereitungen nötig. Erstens ließ Pommelot sich eine Rüstung schmieden, die so furchterregend aussah wie keine andere weit und breit, zweitens ließ er sich eine Lanze herrichten, die mit ihren gebogenen Widerhaken jeden in Furcht und Schrecken versetzte, der sie auf seinen Leib gerichtet sah, drittens machte er sich am Schweif seines Pferdes zu schaffen. Doch was er dort machte, war und blieb bis zum Tode sein Geheimnis.

Am Tage des Turniers, an dem sich entscheiden sollte, ob er zum Ritter geschlagen werden würde, machte er ungeheuren Eindruck, besonders auf die Damen mit den spitzen Hüten und den Schleiern. «Mag er auch ein wenig beleibt sein», flüsterten sie hinter behandschuhten Händen, «so scheint er doch ein kühner Mann und Held zu sein!»

Die Ritter betrachteten Pommelot mit einigem Argwohn und mit Unbehagen, weil er nicht so war, wie andere Ritter waren.

Der Kampf der Reiter, Pferde und Lanzen wurde immer, wenn Pommelot heranritt, zu einem seltsamen Schauspiel. Kaum senkte der dicke Ritter die gräßliche Lanze, kaum sprengte er in seiner erschrecklichen Rüstung auf den Gegner zu, da scheute das Pferd des Gegners plötzlich, und ehe der Reiter es mit Zügeln und Sporen zur Räson bringen konnte, war es, scheinbar zitternd vor Furcht, hinter das Pferd Pommelots galoppiert und leckte diesem Pferd den Schweif, als bettele es um Gnade.

Sieben Gegner mußten den Kampf gegen Pommelot abbrechen, weil ihre Pferde nicht parierten. Am Ende blieb den Kampfrichtern nichts anderes übrig, als Pommelot, den Unbesiegten, zum Ritter zu schlagen.

Solange Pommelot lebte, blieb es so wie beim erstenmal. Er siegte in jedem Turnier, ohne ein einziges Mal mit der Lanze einen Ritter vom Pferde stoßen zu müssen. Stets machte das Pferd des Gegners dem Kampf vorzeitig ein Ende.

Eine ganze Reihe von Rittern ließ sich die Rüstung und die Lanze Pommelots nachschmieden in der Hoffnung, der fürchterliche Anblick von Wehr und Waffen würde das gegnerische Pferd ängstigen. Aber es nützte ihnen nichts: Sie wurden angegriffen wie gewöhnlich und mußten sich ihrer Haut und Rüstung wehren wie sonst. Einzig Pommelot blieb ständig unangegriffen, unversehrt und daher auch unbesiegt bis zu seinem Tode. Auf seinem Grabstein, den man heute noch sehen kann, steht zu lesen:
Hier ruht der Ritter Pommelot, der so kühn, so heldenhaft, so furchterregend war, daß niemand ihn in seinem langen Leben je besiegt hat.
Er ruhe in Frieden!
Was die wenigsten wissen, ist, daß Pommelot, seit er ein Ritter war, nie mehr die Kunst des Turniers geübt, sondern verkleidet als Minnesänger gedichtet und gesungen hat und dennoch, wenn er einmal zum Turnier antreten mußte, kampflos Sieger blieb.
Nur einem Kollegen, einem Minnesänger, hat er sich einmal anvertraut. Und von ihm kennt die Nachwelt das Geheimnis Pommelots: Der kluge kleine Ritter, der wußte, daß die Pferde nach Sirup lechzten, aber viel zu wenig davon bekamen, hatte den Schweif seines Pferdes vor jedem Turnier mit allersüßestem Sirup getränkt.

Mira Lobe

Weltmeisterschaftszweiter im Geisterheulen

Es erzählt Ritter Schnurr von Schnurringen, der Gütige, der gar nicht so heißt und bald in Pension gehen möchte:

Der Halbmond stand am Himmel. Es war eben Mitternacht, als ich auf meiner Burgmauer zu wandeln anhub.
Aus Halbmondnächten mache ich mir nichts.
Hingegen schätze ich Vollmondnächte sehr. Da ziehe ich meine silberne Rüstung an (die goldene ist mir seinerzeit leider gestohlen worden) und reite auf einem Pferdegerippe über die Mauer bis zum Wehrturm links außen und wieder zurück. Oder ich hülle mich in ein berühmtes Leichentuch aus dem zwölften Jahrhundert, färbe die verblichenen Blutflecken mit Himbeermarmelade nach und ziehe die Sporenstiefel an. Die Wirkung ist kolossal. Ganz in Weiß schreite ich sporenklirrend, stöhnend und seufzend auf der Mauer bis zum Wehrturm links außen. Dort stoße ich mein unübertreffliches Heulen aus. Wer es hört, verkriecht sich unter der Bettdecke. Ich heule erstklassig, am besten von allen österreichischen Burggespenstern. Beim internationalen Geisterheulen wurde ich allerdings von einem afrikanischen Buschgespenst geschlagen. Das hatte mit den Schakalen geübt. Auch die Kollegen aus Finnland machten ihre Sache sehr nett. Die heulen dort oben mit den Wölfen und sind in Form. Ganz schwach waren die Amerikaner. Kein Gespenst älter als 150 Jahre! Lauter Wickelkinder! Ich weiß nicht, was das für ein komisches Land ist. Ein paar von diesen neumodischen Maschinengespenstern traten ebenfalls zum Wettbewerb an, aber statt schaurig heulen konnten sie nur traurig ticken und klicken und beschriebene Papiere ausspucken. Spu*ck*en, wohlgemerkt, nicht spu*k*en!
So etwas bringt mich in Wut. Zeiten sind das heutzutage! Gespenster sind

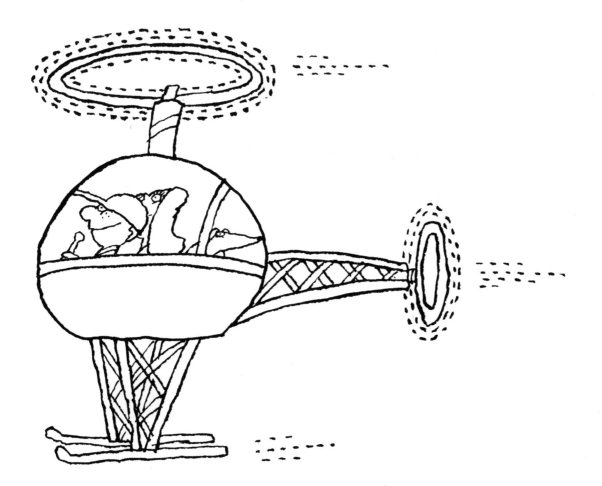

längst nicht mehr das, was sie einmal waren. Ehrlich gesagt: seit zirka achtzig bis neunzig Jahren habe ich keine rechte Lust mehr zum Geistern und Mauerwandeln. Ich würde gern in die Rente gehen. Im Pensionistenklub der österreichischen Gespenster hält man mir einen Platz neben dem Kachelofen frei. Erst kürzlich fragten mich meine geschätzten Kollegen, Ritter Grunz von Grausingen, mit dem Beinamen der Gruselige, und Ritter Bruno von Brütingen, mit dem Beinamen der Blutige, und Ritter Schurl von Schurkingen, wann ich endlich ihre geistreiche Gespensterrunde am Kachelofen bereichern wolle.

«Euer Liebden, werter Ritter Schnurr von Schnurringen, mit dem Beinamen der Gütige!» sagten sie. «Wir harren Euer.» «Nennt mich nicht so!» brüllte ich, weiß vor Wut. «Ihr wißt, daß ich anders heiße!»

«So steht es aber nicht nur auf Eurem Grabstein in der Kapelle», sagte Ritter Grunz, «sondern auch in den Geschichtsbüchern. Alle Schulkinder lernen Euch so...»

Da heulte ich kurz, aber deutlich, schwang wütend mein Schwert und vertrieb sie aus meiner Burg.

Es ist zum Heulen – nicht nur bei Nacht im Leintuch auf der Burgmauer, sondern ständig und pausenlos zum Heulen. Wann endlich wird meine geschändete Raubritterehre wiederhergestellt sein? Ich muß warten, bis mein wahrer Name auf meinem Grabstein und in den Geschichtsbüchern steht. Erst dann kann ich mich am Kachelofen zur Ruhe setzen. Aber zurück zum Anfang, zur heutigen Halbmondnacht. Wie gesagt: es hatte eben zwölf geschlagen, als ich zu wandeln anhub, bekleidet mit einem alten, rostigen Schwert und einem Turban – des Halbmondes wegen.

Da kommt plötzlich etwas durch die Luft angeschwirrt, eine Maschine. Ich machte mir nichts aus Flugkörpern. Vögel, Fledermäuse – meinetwegen. Auch siebenköpfige Drachen und eine hübsche Hexe auf einem Besen. Aber keine Maschinen. Alle diese Brummflitzer, Flugzeuge, Mondraketen und ähnlicher Unsinn bringen mich in Wut.

Ich war also wenig erbaut, als dieses Flugding auf mich zugeschwirrt kam und im Burghof landete.

«Schleicht euch!» begrüßte ich die Passagiere, zwei Kinder und einen Hund, der mich gleich anbellte.

«Ruhe, Satan!» rief das Mädchen.

Das Wort Satan gefiel mir, auch die Luftballons an den Zöpfen des Mädchens versöhnten mich etwas. Ich stieg in den Burghof hinunter.

«Guten Abend!» sagte der Junge. «Wer sind Sie?»

«Ein Burggespenst!» erwiderte ich barsch. «Das siehst du doch!»

«Ach, nicht möglich!» staunte er. «Irren Sie sich auch nicht? Es gibt nämlich keine Gespenster.»

Ich wurde immer wütender.

«Laß ihm doch die Freude...» sagte das Mädchen, wünschte guten Abend und streckte mir die Hand hin.

«Moment!» rief der Junge. «Können Burggespenster Scharlach kriegen? Dann geben Sie ihr lieber nicht die Hand.»

«Gespenster», sagte ich entrüstet und nahm den Turban ab, um mir etwas kühle Nachtluft zuzufächeln, «Gespenster kriegen weder Scharlach noch geben sie die Hand.»

«Entschuldigen Sie, bitte!» rief das Mädchen. «Wir kennen uns mit Gespenstern nicht gut aus. Sie sind unser erstes.» Ich setzte den Turban wieder auf.

«Warum geistern Sie?» erkundigte sich der Junge. «Ist das nicht langweilig – jede Nacht auf der Mauer?»

«Sehr!» bestätigte ich, heulte lang und klagend und fragte, ob sie meine Geschichte hören wollten.

Sie wollten. Wir setzten uns auf den Brunnenrand, während Satan einigen Fledermäusen nachjagte.

«Mein Name...» begann ich, «mein wahrer Name ist...» Aber ich bekam ihn nicht heraus, meinen wahren Namen. Das ist ja eben der Fluch. So fuhr ich wütend fort: «Ich war seinerzeit ein Raubritter, äußerst böse und räuberisch, grausam, habgierig und so weiter, ein vorbildlicher Raubritter. Heutzutage nennt man mich Ritter Schnurr von Schnurringen, der Gütige. Habt ihr das nicht aus eurem Geschichtsbuch gelernt?»

«Nein»! sagte das Mädchen. «Raubritter waren noch nicht dran. Aber wieso Schnurr von Schnurringen? Haben Sie eine Katze als Wappentier?»

«Und wieso der Gütige?» fragte der Junge. «Wenn Sie doch seinerzeit so böse waren?»

«Sehr richtig», sagte ich und fand, daß die Kinder heutzutage ziemlich klug sind. «Gleich werdet ihr alles erfahren. Ich war also Raubritter, lebte lange, beging eine ruchlose Tat nach der anderen, bis ich schließlich meine rabenschwarze Seele aushauchte und mich der Satan holte.»

Bei dem Wort Satan kam der Hund angerannt, stellte sich auf die Hinterpfoten und machte bitte, bitte.

«Haben Sie vielleicht eine kleine Gespensterwurst bei sich?» fragte das Mädchen. «Oder können Sie eine zaubern?»

«Wenn ich zaubern könnte», entgegnete ich verärgert, «dann hätte ich meine Grabplatte mit meinem wahren Namen längst unter den Trümmern des Geheimganges hervorgezaubert...»

«Was für eine Grabplatte? Was für Trümmer?» fragten die klugen Kinder.

«Wenn ihr mich nur ausreden ließet!» rief ich in heller Wut. «Wo war ich stehengeblieben? Ich hauchte also meine pechschwarze Seele aus und wurde in meiner goldenen Rüstung begraben. Die Gruft befand sich im Geheimgang unter der Burg. Dort lag ich, bis eines Nachts Diebe kamen, mit Äxten und Brecheisen in den Gang eindrangen, meine Grabplatte mit dem wahren Namen aufstemmten und mir meine goldene Rüstung ausziehen wollten. Ein toter Raubritter muß sich ja leider so gut wie alles gefallen lassen! Da es aber dort unten ziemlich eng war und diese Schwachköpfe von Räubern ihr Räubergeschäft nicht verstanden, klappte es nicht mit dem Entkleiden. So schleppten sie mich die steile Treppe hinauf in den Burghof, lehnten mich an die Mauer und zogen mich aus bis auf die Unterhose. Dann rannten sie mit

meiner goldenen Rüstung davon und ließen mich einfach stehen. In der Unterhose, wohlgemerkt. – Sie waren noch nicht weit, da gab's plötzlich einen Rumpler im Innern der Burg, genau wo meine Gruft war. Es donnerte und polterte, die Burgmauer erbebte, und ich fiel um. Bis heute weiß ich nicht, ob es sich um ein kleineres Erdbeben handelte oder ob die Diebe, diese Stümper, mit ihren Äxten nicht einen Stützpfeiler angeknackst hatten. Jedenfalls bekamen sie's mit der Angst zu tun, blieben stehen, kamen zurück und flüsterten: ‹Er wird Rache nehmen, wenn wir ihn nicht begraben! Wir werden ihn in der Kapelle beisetzen und ihm eine fromme Grabinschrift geben. Das wird ihn besänftigen.› Das taten sie auch, diese Halunken. Und drei Tage später schleppten sie meine neue Grabplatte an, mit dem kränkenden Namen Schnurr von Schnurringen, der Gütige!»
Ich schwieg und knirschte nur ein wenig mit den Zähnen.
«Und seit damals geistern Sie also hier herum?» fragte der Junge. «So ist es!» gab ich zu. «Und ich werde erst zur Ruhe kommen und Mitglied des österreichischen Pensionistengespensterklubs werden, wenn meine alte Grabplatte mit meinem alten Raubritternamen mein Gebein bedeckt. Wie aber soll das geschehen? Sie liegt unter den Trümmern des Ganges.»
«Ganges?» fragte das Mädchen. «Das ist ein Fluß in Indien. Der war schon dran in der Schule.»
«Aber den meint er nicht!» sagte der Junge und bat mich, ihm genau die Stelle zu zeigen, wo mein erstes Grab gewesen war. Wir gingen quer über den Hof, ich zeigte ihm den runden Wehrturm links außen.
Da nahm der Junge einfach den Propeller von seiner albernen Flugmaschine, stieg damit die Wendeltreppe im Turm hinauf, befestigte den Propeller oben am spitzen Dach und gab grünes Licht mit seiner Lampe. Surrend schwirrte das Dach in die Höhe und senkte sich in den Burghof. Dort wartete bereits das Mädchen, machte den Propeller vom Turmdach los und rannte damit die Wendeltreppe hinauf. Gleich darauf flog das obere Stockwerk mitsamt dem Söller in die Luft und landete im Hof. Dort wartete nun der Junge, nahm den

Propeller und jagte in den Turm hinauf, der zusehends kürzer wurde. Und schon flog das nächste Stockwerk herunter.

Ich staunte. «Ihr Propellerkinder seid wohl das Allermodernste?» fragte ich. «Sozusagen der letzte Schrei?»

«Düsenkinder sind moderner!» sagte der Junge. «Oder Kinder mit Raketenantrieb. Propeller sind eher altmodisch.» Immerhin trugen sie mit dem altmodischen Propeller den Turm kleinweise ab, und als nichts mehr davon übrig war, begannen sie, die Steinplatten am Boden auszuheben, bis sie endlich auf die Trümmer des Geheimganges stießen. Es war auch höchste Zeit, ich war drauf und dran, nervös zu werden, denn die Stunde ging auf eins, und bald mußte ich verschwinden.

«Hier!» riefen beide Kinder im Chor. «Hier ist die Platte.» Und im Schein der rot-grünen Lampe sahen sie meinen wahren Namen.

«Aha, Sie heißen also nicht Ritter Schnurr von Schnurringen, der Gütige, sondern Ritter Knurr von Knurringen, der Wütige.»

Wie glücklich ich war, meinen Namen zu hören! «Der Hölle sei Lob und Dank!» rief ich. «Und nun schnelle zur Kapelle! In die Gruft mit mir Schuft! Mit dem Stein deckts mi zua, pfüat euch – und i hob mei Ruah!»

Vor lauter Eile fing ich tatsächlich an zu dichten, noch dazu im Dialekt, was sich für Raubritter nicht gehört.

Wir rannten hinter dem Propeller her, der meinen Grabstein zur Kapelle trug. Eben wollte ich noch die Sätze sagen, die am Ende einer Gespenstergeschichte üblich sind: Ihr habt mich erlöst, gute Kinder, ihr bekommt einen Prinzen zur Frau, eine Prinzessin zum Mann, aber da schlug es eins – und ich kam nicht mehr dazu. Außerdem hatte ich den Eindruck, daß die zwei lieber Düsenantriebe statt Prinzen und Prinzessinnen gehabt hätten...

Ich bin ihnen dennoch dankbar und hoffe nur, daß sie den Turm wieder aufbauen. Es würde mich wütig machen, wenn sie seine Bestandteile so schlampert im Hof herumliegen ließen. Gelegentlich werde ich nachschauen, ob alles in Ordnung ist. Fürs erste aber zieht es mich in den Pensionistenklub der österreichischen Burggespenster. Ritter Knurr von Knurringen, der Wütige, wird endlich, endlich mit seinen Freunden in edler Geisterrunde am Kachelofen sitzen und Halma spielen und von alten Zeiten heulen.

Irene Rodrian

Die schauerliche Geschichte vom kleinen Piraten und vom dicken Kapitän

An einem wunderschönen Sommertag vor fünfhundert Jahren lehnte der kleine Pirat müde am Mast seines blutroten Seeräuberschiffes und blinzelte an dem rabenschwarzen Seeräubersegel vorbei in die Sonne. Er trug ein grünes Seidenhemd, hatte ein Tuch um den Kopf gebunden, und in seinem Gürtel steckte ein gebogenes Messer. Mit einem Wort: Er sah äußerst furchterregend aus.

Nur gab es im Moment gerade niemanden, der sich vor ihm hätte fürchten können.

Der kleine Pirat reckte sich, gähnte und kratzte sich hinter dem Ohr. Bis zum Horizont hin glitzerte und funkelte das Meer in der Sonne, aber weit und breit war kein anderes Schiff zu sehen. Und das war reichlich sonderbar, denn damals gab es noch keine Autos und Flugzeuge, nicht einmal Fernseher. Was sollten die Leute da anderes machen, als mit Segelschiffen um die Welt zu fahren?

Plötzlich riß der kleine Pirat die Augen weit auf. Da hinten... da war doch... Donnerkeil! Ein anderes Schiff! Eine Kogge mit weißem Segel und rundem Bauch. Womöglich voll beladen mit wertvollen Pelzen und kostbaren Edelsteinen. Und was tut ein anständiger Pirat, wenn er eine Kogge sieht? Überfallen natürlich und ausräubern. Was sonst! Der kleine Pirat seufzte. Nicht einmal eine kleine Mittagspause gönnen die einem. Und matt stemmte er sich hoch und wetzte sein Messer.

Das andere Schiff kam immer näher, und der kleine Pirat konnte erkennen, wer dort vorn am Bug stand. Auch das noch! Sein schlimmster Feind, der dicke Kapitän.

Sicher fürchtet er sich, dachte der kleine Pirat und schwang sein Messer und schrie: Ladung her oder Leben!

Dummerweise sah der dicke Kapitän aber überhaupt nicht so aus wie einer, der Angst hat. Er fuchtelte mit seinem Degen durch die Luft und brüllte: Nur über meine Leiche!

Ziemlich unfair, dachte der kleine Pirat, so ein Degen ist schließlich viel größer als ein Messer. Nicht, daß ich mich etwa fürchten würde, nein, nein keineswegs!

Auf in den Kampf! drängelte der dicke Kapitän.

Ja, ja, gleich, meinte der kleine Pirat, und leise sagte er zu sich selbst: Ich bin der größte Seeräuber auf allen Meeren! Und der schlauste! lachte er plötzlich und rief laut: Was hast du denn da an Bord? Lohnt es sich überhaupt, dich zu überfallen?

Fässer voll süßem Wein! sagte der Kapitän stolz.

Süß? höhnte der kleine Pirat. Sicher stocksauer. Laß mich doch erst mal probieren!

Mein Wein ist allerbeste Qualität! empörte sich der Kapitän und ließ den kleinen Piraten kosten.

Der reine Essig, stellte der Pirat fest und nahm noch einen tüchtigen Schluck.

Unverschämtheit! Der Kapitän probierte selber. Süß und würzig! Er leerte den ganzen Humpen. Sieh nur, wie er mir mundet!

Du hast ja keinen Geschmack! Der kleine Pirat schüttelte sich und trank selbst noch einmal, und dann trank wieder der Kapitän, und jeder wollte den anderen überzeugen.

Mit einemmal schrie der Kapitän entsetzt auf: Das Faß ist leer! Alles weg!

Bis auf den letzten Tropfen! Ach und weh, was soll ich nur meinem Schiffsherrn daheim erzählen?

Die Wahrheit, riet ihm der kleine Pirat und machte ein finsteres Piratengesicht. Daß du dem stärksten und gefährlichsten aller Seeräuber in die Hände gefallen bist!

Da hißte der Kapitän alle Segel und floh voller Schrecken.

Es war drei Tage später und finstere Nacht, als der dicke Kapitän in den Hafen einlief. Endlich in Sicherheit, atmete er auf, aber schon im nächsten Augenblick erschrak er fürchterlich. Da lag es vor ihm, im Dunkel versteckt, das rote Seeräuberschiff des kleinen Piraten mit dem schwarzen Segel und dem Totenkopf darauf.

Wie gemein, dachte der Kapitän, erst überholt er mich, und dann lauert er mir hier auf, mitten im Hafen, in den kein Pirat reindarf. Nur um mir was Böses anzutun und mich auszuräubern. Aber ich werde ihm zuvorkommen! Er schaute sich um. All die anderen Schiffe schaukelten auf den Wellen, und ihre Kapitäne saßen längst bei ihren Frauen und Kindern und erzählten von ihren Reisen. Ich muß es ganz allein schaffen, überlegte er; wenn es nur nicht so dunkel wäre! Dann nahm er seinen Degen und eine Pechfackel, die auch bei Wind brennen konnte, und ließ ganz leise und vorsichtig sein kleines Ruderboot ins Wasser und kletterte an der Strickleiter hinein.

Wenn er nur nicht das Plätschern hört, sann er furchtsam, sonst schleicht er sich heran und überfällt mich zuerst.

Drohend ragte vor ihm das rote Schiff mit dem schwarzen Segel auf. Der Kapitän ruderte langsam näher. Noch näher. Noch ein Stückchen. Nichts rührte sich. Er hat sich versteckt, bibberte der Kapitän, aber tapfer ruderte er weiter.

Dann hatte er das Seeräuberschiff erreicht.

Er nahm seinen Degen zwischen die Zähne und die Pechfackel in die linke Hand und zog sich auf das Schiff hinauf. Alles war dunkel und still. Lautlos schlich sich der Kapitän weiter. Bis zum Mast. Da entdeckte er etwas Helles. Der dicke Kapitän zündete die Fackel an und leuchtete. Es war ein Brief. An ihn:

Lieber Kapitän,
leider kann ich heute nicht kämpfen. Ich bin nur hier, um meine kranke

Großmutter zu besuchen. Hoffentlich bist du mir nicht böse. Bis zum nächstenmal.

Dein Feind, der kleine Pirat.

Zur gleichen Zeit kam der kleine Pirat aus dem Haus seiner Großmutter, die er besucht hatte. Er war traurig. Ich bin das ewige Seeräuberleben müde, dachte er. Ich will auch einmal bei Bier und Würfelspiel in der Schenke sitzen und mich mit den anderen über das Wetter unterhalten oder über die steigenden Preise oder sonst etwas Spannendes.

Gesagt getan. Der kleine Pirat verkleidete sich als Seemann, ging in die Herberge und bestellte sich einen Humpen kühles Bier.

Da kam ein Mann herein und schaute sich in dem dämmrigen Raum um. O je, der dicke Kapitän! Der kleine Pirat machte sich noch kleiner, aber der Kapitän hatte ihn schon erkannt.

Hah! Du hier? Du wagst es? Er ballte die Hände zu Fäusten.

Laß mich in Ruh, sagte der kleine Pirat, ich hab Urlaub.

Hinaus! rief der Kapitän. Hier ist kein Platz für Tagediebe und Nichtsnutze!

Der kleine Pirat sprang wütend auf. Ich bin der grimmigste und fürchterlichste aller Piraten und ein Vielnutz!

Da packte ihn der Kapitän am Kragen und zerrte ihn über den Tisch. Der kleine Pirat boxte den Kapitän in den Bauch, und der schnaufte und schlug den Piraten auf die Nase, die schwoll dick und rot an. Und der Pirat riß dem Kapitän ein Büschel Haare aus, der brüllte und trat den Piraten gegen das Schienbein, daß er vor Schmerz in die Luft hüpfte. Und dann stellte er dem Kapitän ein Bein, daß er der Länge nach hinflog und den Tisch und alle Humpen umriß. Krach – Klirr – Bumm.

Aufhören! brüllte eine Stimme, und zwei mächtige Pranken packten den kleinen Piraten und den dicken Kapitän am Wams und warfen sie beide zur Tür hinaus. Rauft euch gefälligst anderswo! Das war der Wirt.

Da saßen der kleine Pirat und der dicke Kapitän zerschunden und zerrupft auf der Straße und befühlten ihre Schrammen.

Ich hab genug, klagte der Kapitän. Dauernd muß ich mich für anderer Leute Schiffe und Waren schlagen, und was bekomm ich dafür? Mageren Lohn. Ich wünschte, ich wär ein Pirat!

Ich hab es auch satt, stöhnte der kleine Pirat. Immer diese langweiligen Abenteuer, und nie weiß man, ob man Beute macht, und wenn, dann kann man sie nicht einmal in Frieden ausgeben. Ich wünschte, ich wär ein Kapitän!

Ach ja, wir haben es wirklich nicht leicht, seufzten beide und humpelten zusammen zu ihren Schiffen. Dort lud der kleine Pirat den dicken Kapitän noch zu einem Umtrunk auf sein Schiff ein.

Auf unsere Feindschaft! sagte der Kapitän und leerte seinen Humpen.

Ganz recht! der kleine Pirat schenkte nach. Wir Feinde müssen eben zusammenhalten!

Franz Hohler

Eine dicke Freundschaft

Ein Misthaufen und ein Eichhörnchen schlossen einmal Freundschaft zusammen. Das Eichhörnchen roch unheimlich gern am Misthaufen. Oft saß es ganze Nachmittage vor seinem Freund und schnupperte stillvergnügt an den dampfenden Fladen herum, und der Misthaufen war glücklich, wenn er spürte, wie das Eichhörnchen mit dem Köpfchen über seine Ränder strich.

Sie versuchten einander auch noch mehr zuliebe zu tun. Das Eichhörnchen brachte dem Misthaufen Nüsse mit, die er aber nur nahm, um es nicht zu beleidigen, und der Misthaufen erlaubte dem Eichhörnchen, einzelne Misthalme aus ihm herauszurupfen und mitzunehmen, doch das Eichhörnchen ließ sie fallen, sobald der Misthaufen es nicht mehr sah, es roch viel lieber am ganzen.

Eines Tages sagte der Misthaufen zum Eichhörnchen: «Weißt du, was schade ist? Immer kommst du zu mir, und nie komm ich zu dir. Wo wohnst du überhaupt?» «Drüben im Wald auf einem Baum,» sagte das Eichhörnchen, «wann willst du kommen?» «Am liebsten jetzt,» sagte der Misthaufen. «Oh,» sagte das Eichhörnchen, «jetzt geht es leider nicht, es ist nicht aufgeräumt, aber vielleicht morgen?» «Gut, morgen,» sagte der Misthaufen und konnte die ganze Nacht nicht schlafen, so freute er sich auf den Besuch. In der Frühe ließ er sich von der Katze einen Blumenstrauß aus dem Garten der Bauersfrau bringen, zöpfelte sich selbst so schön zurecht, wie er nur konnte und wartete unruhig auf das Eichhörnchen.

Als dieses gegen Mittag endlich kam, setzte sich der Misthaufen sogleich in Bewegung und bemühte sich, mit dem Eichhörnchen Schritt zu halten, das seinem Freund zuliebe extra ganz langsam eine Pfote vor die andere setzte.

Alles ging gut, nur als sie die Landstraße überquerten, die vor dem Bauernhaus durchging, passierte etwas Dummes. Es war gerade ein Velorennen, und alle Velorennfahrer sausten in voller Geschwindigkeit in den Misthaufen hinein, blieben darin stecken und mußten die längste Zeit mit den Beinen strampeln, bis sie sich wieder befreien konnten, und dann waren sie erst noch voll Mist, und ihre Rennräder waren zusammengestaucht. Alle schimpften, die Rennfahrer, weil sie so dreckig waren und ihre Velos nicht mehr brauchen konnten, der Rennleiter, weil das ganze Rennen durcheinander war, die Polizei, weil sie die Straße mit dem Spritzenwagen reinigen mußte, der Bauer, weil er den Miststock Karren für Karren wieder an seinen Platz vor dem Haus bringen mußte, die Bauersfrau, weil ihr ein paar der schönsten Blumen fehlten – alle schimpften, dabei war alles nur aus Freundschaft geschehen.

Der Miststock übrigens, falls ihr das noch wissen wollt, getraute sich von da an nicht mehr, von seinem Ort wegzugehen und hat das Eichhörnchen nie besucht, aber Freunde blieben sie trotzdem, jetzt sogar erst recht.

Reiner Zimnik

Der Bär auf dem Motorrad

Es war einmal ein dicker brauner Bär.
Der lag den ganzen Tag über hinter dem Gitter in einem Zirkuswagen vom Zirkus Rumplrad und war ein gutmütiges und freundliches Tier. Wenn das Wetter schön war, ließ er sich seinen struppigen Pelz von der Sonne bescheinen, und wenn es regnete, freute er sich über die dicken Regentropfen, die draußen vor seinem Gitter auf die Erde klatschten.
Und wenn jemand fragte, wie es ihm denn so ginge und ob er zufrieden sei, so nickte er bedächtig mit seinem schweren Bärenschädel und brummte: Hm – m, hrum – rumbum, und das heißt in der Bärensprache nichts anderes als: Na was denn schon – gut geht's mir, und im übrigen: Hauptsache: Keine Aufregung, Hauptsache: Ruhe.
Am Abend aber, wenn im Zirkuszelt die Leute dichtgedrängt auf den Bänken saßen, führte ihn sein Wärter in die Manege, und ein anderer Zirkusmann brachte ein rotes Motorrad herbei und schaltete den Motor ein. Und dann setzte sich der dicke braune Bär auf das knatternde Vehikel, drückte auf den Gashebel und sauste damit, ohne ein einziges Mal anzuhalten, dreizehnmal hintereinander im Kreis herum. Er war der einzige Bär in ganz Europa, der Motorrad fahren konnte, und deshalb klatschten die Leute und trampelten wie wild. Bravo, dicker brauner Bär, riefen sie, gut gemacht – du bist der Größte – du bist O.K.!
Da freute sich der dicke braune Bär jedesmal und kratzte sich verlegen hinter den Ohren, denn es war ja sonst weiter nichts los in seinem Leben, und es machte ihm einen großen Spaß.
Eines Tages jedoch, als er gerade die zehnte Runde fuhr, rief ein kleiner

Junge: Der Bär ist dumm, der Bär ist dumm, er kann ja immer nur im Kreise fahren! Und obwohl seine Mutter und vier Tanten zu ihm sagten, daß er den Mund halten sollte, denn wenn es für einen Menschen auch nichts Besonderes sei, daß er Motorrad fahren könne, für einen Bären jedenfalls sei es kolossal, rief er immer wieder: Der Bär ist dumm, ein ganz dummer Bär ist das!, und zuletzt rief er noch einmal ganz laut: Immer nur im Kreise – das soll ein Kunststück sein!

Der Bär verstand jedes Wort, und es ärgerte ihn sehr. Nach außen hin ließ er sich nichts anmerken und tat so, als ob er überhaupt nichts gehört hätte, aber innen unter seinem dicken Pelz war er ganz aufgeregt. Ich soll dumm sein, brummte er dauernd vor sich hin, ich soll dumm sein, denken die Kinder. Nur weil ich immer im Kreise herumfahre, deshalb soll ich dumm sein. Hm – m, ich werde es ihnen schon zeigen, daß ich nicht dumm bin. – Und dann dachte er sich was aus!

Am nächsten Tag dann, als er seine dreizehnte Runde absolviert hatte, stieg er nicht von seinem Motorrad ab, wie man es von ihm gewohnt war, sondern drückte dreimal kräftig auf die Hupe und brauste zur Verblüffung seines Wärters höchst selbständig und mit Vollgas aus dem großen Zirkuszelt hinaus. Aber auch draußen vor dem Zirkuszelt hielt er keineswegs an, sondern ratterte fröhlich grunzend an seinem Gitterwagen vorbei durch das Zirkustor, legte noch einen Zahn zu und fetzte nun donnernd und fauchend und immer noch mit Vollgas geradewegs in die Stadt hinein.

Als er die große Kreuzung überquerte, fiel dem Verkehrspolizisten vor Verwunderung die Trillerpfeife aus dem Mund. Er hatte in seinem langen Polizistenleben zwar schon alle möglichen kuriosen Fahrzeuge vorbeiflitzen sehen, aber noch niemals einen Bären auf einem roten Motorrad. Hab ich denn recht gesehen? sprach er verstört zu sich selbst. Und dann stammelte er: Es ist unglaublich – es ist wirklich unglaublich!

Es dauerte aber keine zwei Minuten, da kamen der Wärter angerannt und der Zirkusdirektor und die anderen Leute vom Zirkus und riefen schon von weitem: Habt ihr keinen Bären gesehen, einen Bären auf einem roten Motorrad, wo ist er hingefahren? Geradeaus, sagte der Verkehrspolizist schnell und zeigte ihnen die Richtung. Da rannte der Wärter, der Direktor und die anderen Leute vom Zirkus weiter, immer geradeaus, und der Verkehrspolizist flüsterte immer noch: Es ist unglaublich, also, es ist ja nun wirklich unglaublich! Viele Leute blieben auf dem Bürgersteig stehen, klatschten in die Hände und waren begeistert. Andere wieder hatten Angst, liefen in die Hauseingänge oder versteckten sich hinter parkenden Autos.

Allmählich aber ging das Benzin im Tank des roten Motorrads zu Ende. Der Motor begann zu stottern, dann hörte man noch ein letztes Ft-Ft, und danach gab er keinen Muckser mehr von sich. Da kletterte der dicke braune Bär von seiner Rennmaschine herunter, lehnte sein Vehikel an einen Laternenpfahl, setzte sich an den Straßenrand und wartete. Als der Wärter, der Direktor und die andern Leute vom Zirkus keuchend und schnaufend dahergerannt kamen, winkte er ihnen fröhlich mit der Tatze zu und brummte seinen gemütlichen Bärenspruch. Hauptsache: Keine Aufregung, Hauptsache: Ruhe; – denn er war ein gutes und freundliches Tier, wie ihr wißt, und er wollte ja auch gar nicht davonlaufen. Er wollte nur allen Leuten zeigen, daß er nicht dumm war und auch noch was anderes konnte, als immer nur in einem großen Zelt im Kreise herumzufahren.

Nun beruhigten sich auch die Zirkusleute wieder, wischten sich den Schweiß von der Stirne und fingen an zu lachen. Und weil sie alle einen großen Durst bekommen hatten von dem vielen Laufen, gingen sie gleich in die nächste Gastwirtschaft und kauften sich jeder ein alkoholfreies Bier.

Der Bärenwärter jedoch hängte den dicken braunen Bären an eine Bärenleine, schob das Motorrad an und fuhr seinen Schützling wieder zum Zirkus zurück, wo eine große runde Schüssel mit Honigwasser für ihn bereitgestellt war.

Von diesem Tag an sagte niemand mehr im Zirkuszelt, daß der Bär dumm sei – denn er brauchte nicht mehr nur im Kreise herumzufahren. Er fuhr jetzt jeden Abend Achterkurven und Zickzackbahnen, und wenn er besonders gute Laune hatte, fuhr er freihändig und nur auf einem Rad.

Wenn aber die Vorstellung zu Ende war und er wieder in seinen Wagen zurücktrottete, drehte er sich manchmal um, blinzelte zu den oberen Reihen hinauf, wo die Kinder saßen, tippte mit seiner Tatze an seine Bärenstirne und brummte: Erst mal nachmachen!

Josef Guggenmos
Warum die Schildkröte gepanzert geht

Wenn es den Elefanten nicht gejuckt hätte, auf dem Rücken links hinten, brauchte die Schildkröte keinen Panzer mit sich herumzuschleppen.
Aber den Elefanten, der in Indien spazierenging, juckte es.
Der Elefant blieb stehen und versuchte, sich zu kratzen. Zuerst probierte er es mit dem Rüssel. Der Rüssel reichte fast bis oben links hinten, aber nicht ganz. Dann probierte er sämtliche Beine der Reihe nach durch. Am Schluß war er sich nicht sicher, ob er die Beine nicht durcheinandergebracht und eines zweimal und ein anderes überhaupt nicht drangenommen hatte. Er begann daher noch einmal von vorn. Ohne Erfolg. Einmal wäre er ums Haar umgekippt.
«Alles zwecklos», sagte der Elefant. «Dieses elende Jucken!» und ging weiter.
Nachdem er eine Weile gegangen war, sah er einen Palmbaum stehen. Eine prächtig gewachsene Kokospalme. Das ist genau das, was ich brauche, dachte der Elefant und schritt erfreut auf die Palme zu.
Nun lag aber rechts jemand neben dem Stamm. Das war die Schildkröte, die damals noch keinen Panzer trug. Sie hatte sich in den Schatten gelegt und schlief.
Der Elefant stand vor dem Baum und überlegte: Wenn ich mich links kratzen will, muß ich rechts an den Baum, aber da liegt wer.
Traurig betrachtete der die schlafende Schildkröte. Sie machte nicht den Eindruck, als ob sie während der nächsten Stunde erwachen würde, wenn man sie nicht weckte. Das aber brachte der Elefant nicht übers Herz. Er schätzte es nicht, im schönsten Schlaf geweckt zu werden, und er weckte auch andere nicht, wenn es nicht brannte.

Der Elefant wanderte langsam an der Schildkröte vorbei und dann weiter um den Baum herum, nur um etwas zu tun. Als er auf der anderen Seite stand, den Kopf in der Richtung, aus der er gekommen war, merkte er plötzlich, daß er sich jetzt auf dem Rücken links hinten kratzen konnte. Darüber war er zunächst sehr erstaunt. Aber dann machte er sich weiter keine Gedanken mehr, sondern begann, seinen Rücken am Stamm der Palme zu reiben.

Nun ist es natürlich etwas anderes, ob sich eine Katze an einem Baum den Buckel reibt, oder ob ein Elefant das gleiche tut. Der Stamm der Kokospalme geriet in Bewegung, und die Krone mit ihren großen Blättern schwang rauschend hin und her.

Die schlafende Schildkröte störte das keineswegs. Im Gegenteil. Sie machte ein vergnügtes Gesicht, denn als sie im Schlaf das Blätterrauschen hörte, träumte sie etwas Schönes mit Meeresrauschen.

Der Elefant hörte auf, sich zu reiben und schaute auf die andere Seite. Er hatte ein Geräusch gehört. Kein sehr lautes Geräusch, aber einen eigentümlichen Plumps. Aus der Krone des Palmbaumes, die er durch sein Reiben geschüttelt hatte, war eine Kokosnuß gefallen, geradewegs auf die Schildkröte, die jetzt nicht mehr schlief, sondern hellwach war.

«Hat's weh getan?» fragte der Elefant.

«Es geht», sagte die Schildkröte. In Wirklichkeit hatte es arg weh getan, aber sie war zu höflich, um das zu sagen.

«Es war nicht meine Absicht! Bitte, glaube mir das!» sagte der Elefant und begann weiterzugehen. Nachdem er ein Stück gegangen war, merkte er, daß er in die falsche Richtung ging, nämlich dorthin, woher er gekommen war. Er machte daher kehrt. Als er wieder an der Schildkröte vorüberkam, sagte er: «Es hat mich nämlich gejuckt, auf dem Rücken links hinten. Entschuldige bitte!»

«Keine Ursache», sagte die Schildkröte, obwohl sie Ursache genug gehabt hätte, sich zu beklagen. Sie spürte nämlich, daß sie durch die Kokosnuß breiter und niedriger geworden war.

Das passiert mir nicht noch einmal, dachte die Schildkröte. Das erste, was sie tat, war, daß sie sich ein Panzergehäuse anschaffte, in das sie sich zum Schlaf ganz und gar zurückziehen konnte. Dieses trägt sie seither auf Schritt und Tritt mit sich, um es jederzeit bereit zu haben. Denn wer weiß, ob es nicht noch einmal einen Elefanten auf dem Rücken links hinten juckt, während sie unter einer Kokospalme schläft.

Hanna Muschg

Maus, die Maus

Es war einmal eine Maus, die hieß Maus und nicht anders. Sie lebte mit dreihundertfünfundsechzig Verwandten unter der Erde in vielen langen Gängen, die sie selber gegraben hatten.

Maus, die Maus, wollte gern groß sein. Aber sie war nicht groß, sie war klein. So klein, wie eine Maus nur sein kann.

Am liebsten wäre Maus eine Katze gewesen, denn dann hätte sie vor nichts und niemand auf der Welt Angst haben müssen. Tag für Tag seufzte Maus: «Ach, wenn ich doch nur eine Katze wäre!» Bis sie eines Tages sagte: «Schluß jetzt. Eine Katze werde ich doch nie, da hilft alles Wünschen nichts. Und darum bleibe ich von jetzt ab Maus, die Maus. Jawohl.»

Dieser Tag, an dem Maus beschlossen hatte, eine Maus zu bleiben, ist ein besonderer Tag gewesen.

Es war Sommer. Maus ging mit Mutter Maus und vierundfünfzig Verwandten aufs Feld, denn die Kornähren waren reif. Sie bissen die dicken Halme durch, bis die Ähren umfielen, und dann fraßen sie die Körner. Es dauerte nicht lange, da hatte Maus genug.

«Ich mag nicht mehr essen», sagte sie. «Ich gehe jetzt.»

In den Wald wollte sie gehen und etwas erleben, am liebsten ein Abenteuer. Ein Ungeheuer besiegen oder einen Schatz entdecken oder einen Freund finden. Am liebsten alles miteinander.

Und als Maus eine Weile gegangen war, fühlte sie unter sich den Waldboden und über sich die Bäume, die weit in die Höhe wuchsen und den Wald dunkel machten. Schön war es im Wald. Und unheimlich.

Es würde mir hier noch viel besser gefallen, dachte Maus, die Maus, wenn es keine Waldkäuze gäbe. Und keine Füchse und keine Marder und weiß der Himmel was noch alles.

Maus fürchtete sich. Aber gehört es nicht zu einem Abenteuer, daß man sich fürchtet, jedenfalls ein bißchen?

«Wenn ich keine Angst hätte, dann wäre es auch kein richtiges Abenteuer», sagte Maus zu sich.

Aber was war das?

Es rauschte in der Luft, als käme etwas geflogen. Wie der Blitz war Maus unter den Blättern am Waldboden verschwunden. Sie hielt die Luft an. Sie hatte Angst, denn Angst ist wichtig, wenn man nicht gefressen werden will. Meistens, nicht immer.

«He, Maus, wo steckst du denn?» rief eine Stimme. Diese Stimme kannte Maus.

«Ach, du bist es», sagte sie erleichtert, denn es war ihr Freund Max. Jetzt konnte sie wieder atmen, die Gefahr war vorüber.

«Und was machst du hier im Wald?» fragte Max, der Vogel.

«Ein Abenteuer erleben, was denn sonst», sagte Maus.

«Aha», sagte der Vogel.

«Ja», sagte Maus, «ein Ungeheuer besiegen oder einen Schatz entdecken oder einen Freund finden, ich weiß noch nicht genau.»

«Soso», sagte der Vogel.

«Und außerdem ist der Wald voll von Gespenstern», sagte Maus.

«Das glaube ich nicht», sagte Max, «ich hab noch keine gesehen.»

«Du verstehst wohl nichts von Gespenstern», sagte Maus.

‹Tu ich doch», sagte Max.

«Tust du nicht», sagte Maus.

«Tu ich doch», sagte Max. «Gespenster gibt es hier keine.»

«Na gut», sagte Maus, «Dann gehe ich eben ein Ungeheuer besiegen.»

«Ein Ungeheuer?» sagte Max. «Hier im Wald? Du spinnst wohl.»

‹Tu ich nicht», sagte Maus.

«Tust du doch», sagte Max.

«Tu ich nicht.» Maus war wütend auf ihren Freund Max. «Mit dir kann man nicht reden», sagte sie. «Du bist gemein. Ich will jetzt gehen und einen neuen Freund suchen.»

«Hier im Wald?» fragte Max.

«Natürlich», sagte Maus. «Und außerdem gehört es zu meinem Abenteuer.»

Max wollte nicht, daß Maus einen neuen Freund fand. Sie hat doch mich, dachte er. Er sagte:

«Einen neuen Freund wirst du hier im Wald wohl nicht finden.»

«Tu ich doch», sagte Maus.

«Tust du nicht», sagte Max.

«Tu ich doch, und damit Schluß», sagte Maus voller Zorn. «Und ich gehe jetzt. Ein Ungeheuer besiegen und einen Schatz entdecken und einen Freund finden, da kannst du sagen, was du willst.»

Und schon war Maus auf und davon.

Sie war noch nicht lange gegangen, da fing das Abenteuer schon an. Es war auf einmal ein ungeheures Geschrei im Wald. Der Eichelhäher fing als erster an, und dann schrien alle Vögel so laut sie konnten.

Maus versteckte sich, denn man konnte ja nicht wissen, um was für eine Gefahr es sich handelte.

Ich hätte nie gedacht, daß es im Wald so viele Schreihälse gibt, dachte sie.

Und dann sah Maus, was los war: Der große Waldkauz war da. Er saß hoch oben auf einer Astgabel und drehte langsam seinen Kopf hin und her. Ärgerlich starrte er die vielen wildgewordenen Vögel an, die um seinen Kopf herumflatterten und ihn anschrien. Er wollte seine Ruhe haben.

Wollten die kleinen Vögel den großen Waldkauz vertreiben? Das hat doch keinen Sinn, dachte Maus. Das braucht man gar nicht erst zu versuchen. Der Waldkauz ist sowieso stärker als die kleinen Vögel.

Natürlich ist der Waldkauz stärker, aber die Geschichte ist trotzdem anders ausgegangen, als Maus gedacht hat.

Es dauerte gar nicht lange, da hatten die vielen kleinen Vögel geschafft, was sie wollten: Sie schlugen den großen Waldkauz in die Flucht. Er stieß einen wütenden Schrei aus und rauschte auf und davon. Denn er wollte seine Ruhe haben.

«Potztausend!» sagte Maus. «Das hätte ich nicht gedacht.»

Dann war der Wald wieder still.

Das war der erste Teil, dachte Maus. Es war zwar kein Ungeheuer, aber es ist jedenfalls besiegt. Auch nicht von mir besiegt, aber was macht das schon. Besiegt ist besiegt.

Das Abenteuer konnte weitergehen. Jetzt ging es darum, den Schatz zu entdecken.

Das kann nicht allzu schwierig sein, dachte Maus. Nur eins hätte sie gern gewußt: ob sie den Schatz in einer Baumhöhle suchen sollte oder in einer Kiste oder ob er womöglich in der Erde vergraben war.

Eine schwierige Frage.

«Erst will ich mich stärken», sagte Maus. «Denn habe ich nicht gerade ein aufregendes Abenteuer hinter mir?»

Kaum hatte sie das gesagt, da entdeckte sie vor sich einen schwarzen Pilz. Nicht nur einen, sondern viele, immer mehr, je weiter sie sich umsah. Es waren große Pilze, größer als Maus, die Maus.

«Potztausend!» sagte Maus. «Ist das nicht genau das, was ich mir gewünscht habe?»

Sie hatte schon viele Pilze gesehen, aber noch keine schwarzen. Maus setzte sich unter einen Pilz und sah hinauf. Es war doch nicht etwa ein Giftpilz? Sie stellte sich auf die Hinterbeine und hielt ihre Nase vorsichtig an den weichen schwarzen Hut.

Maus schnüffelte.

«Nein, giftig kann er nicht sein», sagte sie.

«Das würde ich riechen.»

Dann biß sie ein kleines Stück ab.

«Potztausend!» sagte Maus wieder. «Wenn das nicht der beste Pilz ist, den ich je in meinem Leben gegessen habe, dann will ich Max heißen.»

Maus konnte nicht mehr aufhören, von dem Pilz zu essen, so gut schmeckte er.

«Ach du Schreck», sagte Maus auf einmal, «ich glaube, jetzt habe ich zu viel gefressen. Ich bin ganz dick geworden. Gleich muß ich platzen.»

Ein so sonderbares Gefühl hatte Maus noch nie erlebt. Es kam ihr so vor, als müßte sie jeden Augenblick platzen. Das Gefühl war in ihrem Bauch, dann war es auch in ihrem Kopf, dann in ihren Füßen und am Schluß in ihrem Schwanz.

«Hilfe, mein Schwanz platzt!» schrie Maus voller Schrecken. Und als sie ihren Schwanz ansah, war er so dick wie ein Katzenschwanz und sogar noch länger.

«Potztausend!» sagte Maus. «Was hat das zu bedeuten?»

Maus wartete auf den Augenblick, wo erst ihr Schwanz und dann der ganze Rest platzen würde. Aber das geschah nicht.

«Jetzt habe ich einen dicken Schwanz und lange Füße und einen großen Kopf und einen riesigen Bauch – bin ich überhaupt noch eine Maus?» fragte Maus.

Das mußte man sich wirklich fragen. Schließlich war sie jetzt so groß wie die größte Katze, die man je gesehen hat, und vielleicht noch einen Zentimeter größer.

«Ach was», sagte Maus. «Natürlich bin ich noch eine Maus. Man braucht mich ja nur anzusehen, und schon weiß man Bescheid. Ich bin eben eine verzauberte Maus.»

Und Maus wußte auch, wovon sie verzaubert war: es konnte nur von den großen schwarzen Pilzen sein, die so wunderbar geschmeckt hatten. Und wo waren die Pilze jetzt? Weit unter ihr, zu ihren Füßen.

Dann habe ich also ein echtes Zaubermittel entdeckt, dachte Maus voller Stolz. Um ganz sicher zu sein, biß sie schnell noch ein Stück ab, und wirklich, sie wurde wieder ein Stück größer.

«Potztausend!» sagte Maus noch einmal. Noch nie hatte sie an einem einzigen Tag so oft «Potztausend» gesagt. «Ist das nicht das Tollste, was eine Maus je gefunden hat?»

Das Allerbeste war, daß Maus jetzt keine Angst mehr zu haben brauchte, vor nichts und niemand auf der Welt.

Die Katze wird sich wundern, dachte Maus. Und ich weiß auch schon, was ich mit ihr mache. Ich will sie beißen, daß sie nicht mehr sitzen kann. Jawohl, die wird sich wundern.

Erst wollte Maus nach Hause gehen. Zu Mutter Maus ins Mauseloch schlüpfen und alles erzählen. Aber so wie sie jetzt war, wäre sie viel zu dick gewesen fürs Mauseloch.

Was nun?

Sie mußte zuerst ein Gegenmittel finden, irgendetwas, das machte, daß man wieder kleiner wurde. Aber was mochte das sein?

Maus machte sich auf die Suche. Sie aß von allen Beeren, die sie finden konnte, nur nicht von den giftigen; sie trank von allen Bächen, die vorüberflossen; sie biß Baumrinden an und riß Wurzeln aus, aber das Gegenmittel konnte sie nicht finden.

Die Zeit verging.

Und wenn ich jetzt nie mehr zu Mutter Maus ins Mauseloch kann, was dann?

Maus war traurig.

Traurig ging sie durch den Wald, ließ den Kopf hängen und ihre Tränen tropften ins Laub.

Ach, dachte Maus, jetzt bin ich so groß und brauche vor nichts und niemand auf der Welt Angst zu haben, und doch hat mein Abenteuer ein trauriges Ende.

Da hörte sie eine freundliche Stimme. Es war die Stimme von Max, die sie so gut kannte. Er saß oben auf einem Baum.

«Was ist denn mit dir los?» rief Max.

«Ich bin verzaubert», schluchzte Maus.

«Das ist ja toll!» sagte der Vogel. «In was bist du denn verzaubert?»

«Hör mal», sagte Maus und trocknete sich die Tränen ab. «Das sieht man doch. Ich bin jetzt eine Riesenmaus, noch größer als die größte Katze. Aber ich kann das Gegenmittel nicht finden. Jetzt muß ich für immer so riesig bleiben.»

«Ich finde dich gar nicht so riesig», sagte Max.

«Bist du denn blind?» sagte Maus.

«Hör auf», sagte Max, «wir wollen uns nicht streiten. Eigentlich hast du recht: wenn ich genau hinsehe, dann bist du wirklich ein bißchen größer als sonst. Ungefähr so wie ein Hamster.»

«Ehrlich?» sagte Maus.

«Ehrlich», sagte Max.

«Das ist ja wunderbar!» sagte Maus. «Dann weiß ich nämlich Bescheid: man braucht gar kein Gegenmittel. Man wird ganz von selber wieder klein. Und du bist mein liebster Freund», sagte sie zu Max.

«Ich versteh kein Wort», sagte Max.

Dann erzählte Maus die ganze Geschichte.

Und was sagte Max, als er alles gehört hatte? Er sagte nur ein Wort, mehr konnte er vor Staunen nicht herausbringen, und das Wort hieß:

«Potztausend!»

Paul Maar

Wie der Affe Kukuk und der Affe Schlevian untereinander einen Dichterwettstreit austrugen

Eines Tages fanden Schlevian und Kukuk eine Tafel Schokolade und stritten miteinander, weil sie sich nicht einigen konnten, wie sie unter ihnen aufzuteilen sei.

«Die Tafel gehört mir, weil ich sie aufgehoben habe», sagte Kukuk und fügte gnädig hinzu: «Aber du bekommst ein kleines Stück davon ab.»

«Die Tafel gehört mir, weil ich sie zuerst gesehen habe», sagte Schlevian und fügte hinzu: «Natürlich wirst du ein kleines Stück davon bekommen.»

«Wenn einem all das gehörte, was man zuerst sieht», widersprach Kukuk, «so hätte ich schon ein Flugzeug. Denn als einmal ein Flugzeug über unseren Urwald flog, habe ich es eher gesehen als du! Habe ich aber ein Flugzeug?»

«Nein», mußte Schlevian zugeben.

«Also gehört die Tafel nicht dem, der sie zuerst sah, sondern mir, weil ich sie aufhob!»

«Aber wenn ich dir die Schokolade nicht gezeigt hätte, wärst du vorbeigegangen, ohne sie aufzuheben!» widersetzte sich Schlevian.

Das schien dem anderen einzuleuchten, und beide dachten nach, wie diese Frage zu lösen sei. Schließlich meinte der eine langsam:

«Wenn wir sie genau in der Mitte auseinanderbrächen, dann hätte jeder die Hälfte!»

Aber der andere war gar nicht damit einverstanden:

«Schokolade schmeckt erst dann richtig gut, wenn man mehr als die Hälfte ißt! Lieber keine Schokolade als nur die Hälfte!»

Da blieb ihnen nichts weiter übrig, als zu schweigen und weiter nachzudenken.

So trafen sie ein Frosch, der gerade aus dem Wasser gestiegen war, um seinen Badeanzug an der Sonne zu trocknen.

«Warum sitzt ihr da wie Holzaffen und starrt Löcher in die leere Luft?» fragte er ganz erstaunt, denn er hatte sie anders in Erinnerung.

Schlevian machte: «Psst, psst!», winkte ab und deutete mit dem Zeigefinger an die Stirn, um zu zeigen, daß er nachdachte und nicht gestört werden durfte; Kukuk machte: «Scht, scht!» und legte den Zeigefinder senkrecht an die Lippen, was heißen sollte: Ruhe, hier wird gedacht! Aber da der Frosch weder das eine noch das andere zu verstehen schien und sie nur noch verwunderter betrachtete, erklärten sie ihm ihr Problem.

«Aber das ist doch einfach!» meinte er dazu. «Ihr müßt einen Wettkampf machen, und der Sieger bekommt die Schokolade als Preis.»

«Fein», rief der Affe Kukuk, «wir werden Kugelstoßen machen!» Denn er stieß die Kugel 6,27 m weit, was für einen Affen sehr viel ist.

«Fein», rief der Affe Schlevian, «wir werden Hochsprung machen!» Denn in der Schule war er Hochsprungmeister gewesen.

«Nichts da!» rief der Frosch. «Wir werden ein Wettdichten veranstalten. Wer das beste Gedicht macht, bekommt den Preis!»

«Und wer entscheidet, welches Gedicht besser ist?»

««Natürlich ich», sagte der Frosch und drehte seinen Badeanzug zu einer Wurst zusammen, damit das Wasser herauslief. «Du wirst anfangen!» bestimmte er dann und deutete auf den Affen Kukuk.

Die Affen dachten angestrengt nach, stopften sich die Finger in die Ohren, schlossen den Mund und machten die Augen zu – das ist nämlich die Denkstellung der Affen.

Während dieser Zeit schnüffelte der Frosch erst an der Schokolade herum, leckte dann ein wenig daran, brach sich heimlich ein Stück davon ab und schob es in sein breites Maul. Das machte er mehrere Male so, bis der Affe Kukuk seine Finger aus den Ohren nahm und sagte: «Ich bin bereit, es kann losgehen!»

Sie stießen den Affen Schlevian (der das nicht gehört hatte, weil er ja nachdachte) in die Seite, darauf nahm auch er die Finger aus den Ohren und machte ein erwartungsvolles Gesicht.

Der Affe Kukuk stellte sich auf einen Stein, damit man ihn besser sehen konnte, und begann:

>«Ohne Zweifel hat der Rabe
>Eine ganz besond're Gabe!»

«Bravo, bravo!» schrie der Affe Schlevian begeistert und vergaß ganz, daß der andere sein Gegner war.

«Ist das alles?» fragte der Frosch.

«Ja, alles», bestätigte Kukuk stolz und stieg vom Stein.

«Jetzt komme ich!» rief Schlevian, stellte sich auf den Stein und rezitierte:

>«In jedem Affenherz
>Da wohnt ein Affenschmerz.»

Der Affe Kukuk wollte gerade bravo rufen, aber der Frosch, der erst höchstens ein Viertel der Schokolade gegessen hatte, fuhr dazwischen.

«Nichts da!» fuhr er sie an. «Ihr macht euch das viel zu einfach: Ein Gedicht mit nur zwei Zeilen! Ich werde neue Bedingungen festlegen. Das Gedicht muß mindestens doppelt so lang sein, und außerdem müssen ein Löwe und eine Möwe darin vorkommen, nicht immer nur alberne Raben und Affen. Und jetzt auf und weiter nachgedacht!»

Da dachten die beiden Affen wieder nach, und der Frosch machte sich wieder über die Schokolade her.

Diesmal dauerte es lange, bis der Affe Kukuk seine Finger aus den Ohren nahm, den Affen Schlevian in die Seite boxte, sich auf den Stein stellte und folgendes Gedicht aufsagte:

>«Weder Kuckuck
>Weder Möwe
>Können brüllen
>Wie ein Löwe.

> Doch versteht der Wüstenkönig
> Wiederum vom Fliegen wenig.»

«Trefflich, trefflich!» rief der Frosch und stopfte sich verstohlen ein Stück Schokolade ins Maul. «Jetzt kommt der andere dran.»

«Nun bin ich an der Reihe,» sagte Schlevian und begann:

> «Weder Schlevian
> Weder Möwe
> Können brüllen
> Wie ein Löwe.
> Doch versteht der Wüstenkönig
> Wiederum vom Fliegen wenig.»

«Trefflich, trefflich!» rief der Frosch und stopfte sich ein weiteres Stück Schokolade ins Maul. «Aber irgendwie kommt mir das zweite Gedicht bekannt vor! Oder sollte ich mich irren?»

«Ich höre es zum erstenmal!» sagte der Affe Kukuk.

«Ich auch!» bestätigte der Affe Schlevian.

«Dann habe ich mich eben getäuscht», sagte der Frosch.

«Und wer ist Sieger?» fragten die beiden.

Der Frosch hob den Kopf zum Himmel, schloß die Augen und blieb ganz still sitzen, als ob er nachdächte. In Wirklichkeit schluckte er nur die Schokolade hinunter, die er noch im Maul hatte. Endlich öffnete er wieder die Augen und sagte zu den erwartungsvollen Affen:

«Keiner ist Sieger, beide waren gleich gut. Es muß einen neuen Wettbewerb geben. Diesmal ist *der* Sieger, in dessen Gedicht die meisten Zahlen vorkommen!»

«Zahlen?» fragten die beiden überrascht.

«Ja, Zahlen. Eins oder zwei oder drei oder vier...»

«Oder fünf...» fügte Schlevian hinzu.

«Oder sechs...» ergänzte Kukuk und nickte verstehend mit dem Kopf.

«Oder sieben oder acht...» fuhr der Frosch fort.

«Es genügt!» riefen die beiden Dichter. «Wir verstehen!»

«Dann wirst diesmal du anfangen!» sagte der Frosch noch und deutete auf Schlevian.

Die beiden Affen nahmen ihre Denkstellung ein, und der Grüne machte sich weiter über die Schokolade her.

Diesmal konnte er sich Zeit lassen, denn es dauerte lange, bis der Affe Schlevian den Stein wieder bestieg und folgendes Gedicht vortrug:

> «Ein Drei-rad und ein Vier-zylinder
> Fahrn acht-sam um die Wette.
> Das ganze spielt im tiefen Winter
> Und bei immenser Glätte.»

«Trefflich, trefflich!» schrie der Frosch und stopfte sich Schokolade ins Maul. «Ein schönes Gedicht, ein originelles Gedicht!»

«Warte nur ab, das war erst die eine Strophe, nun kommt noch eine zweite», sagte Schlevian. Dabei fiel sein Blick auf den Frosch, und er fragte erstaunt: «Wie kommt es, daß du während der letzten Viertelstunde so viel dicker geworden bist?»

«Ich weiß nicht», sagte der Frosch. «Vielleicht bin ich aus lauter Begeisterung über dein Gedicht angeschwollen.»

«Das ist möglich», bestätigte Schlevian geschmeichelt und begann mit der zweiten Strophe:

> «Ein Sieben-schläfer, der dies sieht,
> Langweilt sich ohne Zweifel,
> Wird dieses Treibens sehr bald müd'
> Und wünscht die zwei zum Deifel.»

«Wirklich trefflich!» bestätigte der Frosch. «Und so viele Zahlen!»

«Viele Zahlen?» fragte der Affe Kukuk. «Da müßt ihr euch erst einmal mein Gedicht anhören:

> In einer Ein-bahnstraße
> Da wohnt die Poli-zwei...»

«Gilt nicht!» unterbrach Schlevian. «Es heißt nicht Polizwei, sondern Polizei!»
«Aber natürlich stimmt das!» widersprach Kukuk. «Schließlich heißt es ja auch Polizwist und nicht Polizist!»
«Richtig!» schmatzte der Frosch. «Weitermachen!»
Und der Affe Kukuk begann noch einmal von vorne:

«In einer Ein-bahnstraße
Da wohnt die Poli-zwei.
Die sieht mit ihrer Nase
So täglich allerlei.»

«Wie kann die Polizei denn mit der Nase sehen!» rief Schlevian wütend. «Die hört doch – ich wollte sagen: riecht doch mit der Nase!»
«Die Polizei vielleicht», erwiderte Kukuk hochnäsig. «Aber nicht die Polizwei!»
«Richtig», sagte der Frosch. «Aber wenn ich dich darauf aufmerksam machen darf: Sehr viele Zahlen kommen in deinem Gedicht nicht vor.»
«Die kommen alle in der zweiten Strophe», belehrte ihn der Affe Kukuk. «Ich wollte euch erst langsam an die vielen Zahlen gewöhnen. Man soll nichts übertreiben!»
«Da hast du recht», gab der Frosch zu. «Man soll nicht unmäßig sein!» Und schob sich die letzten vier Stücke Schokolade gleich auf einmal ins Maul.
«Es folgt nun die zweite Strophe!» verkündete der Affe Kukuk, der von alledem nichts gemerkt hatte.
«Natürlich folgt auf die erste die zweite Strophe», murmelte Schlevian mürrisch. «Oder hat man schon gehört, daß nach der ersten die dritte käme?»

«Vier Fünftel eines Dreiers
Für eine Schokolade...»

Bei dieser Stelle hielt der Affe Kukuk plötzlich inne, und auch der Affe Schlevian war bei dem Wort «Schokolade» aufmerksam geworden. Beide blickten umher und riefen gleichzeitig: «Ja, wo ist denn eigentlich die Schokolade?»

Da schluckte der Frosch alles, was er noch im Maul hatte, so hastig hinunter, daß ihm die Tränen in die aufgequollenen Augen traten, lachte dröhnend, deutete auf seinen dicken Bauch, rief: «Hier!» und verschwand mit einem großen Plumps im Wasser, wo es am tiefsten war.

Da blieb den beiden Geprellten nichts anderes übrig, als den Dicken vom Ufer aus schrecklich zu beschimpfen, was den aber nur noch mehr erheiterte. Den ganzen Nachmittag und den halben Abend suchten sie den Boden ab, ob sie vielleicht noch eine Tafel Schokolade fänden, aber sie fanden natürlich keine mehr und trösteten sich schließlich damit, ihrem Onkel, der Coco hieß und schon beim Zirkus gewesen war, eine Kokosnuß zu stehlen und damit Fußball zu spielen.

Hans Carl Artmann

Maus im Haus

Ich will euch nun die Geschichte von Ompül erzählen, wie er die Mäuse aus dem Haus gejagt hat, weil sie ihm den guten Speck, den Käse und die Kekse wegknabberten.

Wie, ihr wißt nicht, wer Ompül ist? Ja, das läßt sich leicht denken, denn dieser Ompül wohnt nicht hier bei uns, sondern ganz, ganz weit unten in Amerika, gleich in der Nähe von Feuerland, wo die Bäume im Wald so dicht sein sollen, daß man, ihr glaubt es nicht, sogar über Gipfel und Wipfel spazieren kann, ohne einzusinken. So dicht sind sie. Ja, das sind Wälder! Und Ompül ist ein kleines Robbenmännchen mit einem lustigen, stacheligen Schnauzbart. Früher war er einmal Seemann gewesen, so ein Beruf paßt ja zu einer fröhlichen Robbe, aber dann war ihm das ewige Einerlei auf den Schiffen, und besonders ein böser Kapitän, Gonzalo, ein grimmiger Seebär, leid geworden, er hatte seinen Seemannsberuf an den Nagel gehängt und war in eine kleine Stadt am Meer gezogen, eben nach..., wie ich euch schon sagte, gleich in der Nähe von Feuerland. Dort ist er jetzt Leuchtturmwächter, putzt, wenn ihm die Zeit lang wird, die Scheinwerfer und dreht in der Nacht die Lichter an, damit sich die Schiffe nicht verirren und gar stranden. So weit ist er also doch noch mit seinem früheren Beruf verbunden. Und das muß wohl so sein – denn ein Cowboy oder ein Bergführer, nein, das wäre er gewiß nicht geworden, dazu hatte er wirklich keine Lust.

Aber nun will ich endlich mit meiner Geschichte beginnen. Stellt euch also so eine Robbe vor: Ihr habt gewiß schon eine gesehen, im Zoo oder auch nur eine aus Stoff, zum Spielen, wisst ihr? Die mit den schwarzen Stecknadel-

kopfäuglein und den komischen Flossen. Eines Tages kommt nun Ompül heim zu seinem Leuchtturm. Er ist in der nahen Stadt einholen gewesen. Er trägt eine alte Matrosenmütze auf dem Kopf, und um den Hals hat er einen dicken Wollschal gebunden, der ist rot und weiß gestreift. So robbt er an die Treppen des Leuchtturms heran, steckt den Schlüssel ins Schloß, krixkrax, schon offen, tritt ein und stellt seine Einholtasche in die Stubenecke. Das ist so beim Leuchtturm: Die gute Stube ist immer unten, gleich beim Eingang, und das Dienstzimmer ist ganz hoch oben bei den Schweinwerfern. Aber weil es noch nicht finster ist, hat Ompül da droben nichts zu tun.

Er setzt sich in seinen Schaukelstuhl, nimmt seine Tabakspfeife, schmaucht und liest in der Zeitung die neuesten Nachrichten. Nee, nee, sagt er sich, nee, Raumfahrer wäre nicht der rechte Beruf für mich! Freilich, wenn ich es überlege, so müßte es eigentlich ganz schön sein, so von den Sternen auf Meere und Berge herunterzugucken... Aber auf das Meer kann ich das ja auch von meinem Leuchtturm aus, und das genügt mir!

Und wie er gerade so dasitzt und in seinem Schaukelstuhl gemütlich schaukelt, macht es plötzlich irgendwo «piep!»

Na so was, wer piept denn da so früh am Tag? sagt Ompül – wenn das keine Maus ist!

Und er blickt schnell zur Einholtasche hinüber, in der der gute Speck, der Käse und die Kekse sind. Aber gleich darauf liest er schon wieder weiter.

Kino, sagt er, tja, ins Kino müßte man wieder mal gehn. Aber wie soll ich das hinkriegen? Diese dummen Vorstellungen beginnen ja doch immer erst abends, wenn ich meine Scheinwerfer drehen muß. Warum haben wir denn noch keine automatischen Scheinwerfer angeschafft? Ganz altmodisch sind wir hier! Sind eben am Ende der Welt... Feuerland! – Wer wird auch schon ein Leuchtturmwächter in Feuerland. Ich und sonst keiner. Aber ich bin nun mal ein tüchtiger Mann, und die Pinguine am Südpol, so feine Herren sie auch sind, können auch niemals Donald Duck anschauen gehn. Ich bin's zufrieden, hab meine warme Stube und – Piep piep! Ja, Dunnerkiel, da piept es ja schon wieder! Diesmal legt Ompül aber seine Zeitung fort und rutscht, so schnell er kann, aus seinem Schaukelstuhl.

Ich glaube, es ist doch besser, wenn ich die Sachen in den Schrank hinauftue. Mir scheint, da ist 'ne Maus im Haus! Piep! Und Ompül trollt sich hin zur Einholtasche.

So, und jetzt hinein in das oberste Fach! Da hätten wir einmal den guten Speck, da sind die Kekse, und den Emmentaler wollen wir auch nicht vergessen!

Und Ompül trägt sein Abendbrot zum Schrank, macht das oberste Türchen auf, tut die Sachen ordentlich hinein – aber auf einmal... Was ist denn da los? Wo steckt denn heute der Schlüssel? Im Schlüsselloch sehe ich ihn nicht – aber vielleicht habe ich ihn in Gedanken zu den Scheinwerfern hinaufgetragen. Deshalb werde ich jetzt nicht hochklettern!

Und er setzt sich wieder in seinen Schaukelstuhl und liest weiter. Tja, murmelt er, so ist es schon 'ne feine Sache, da könnte ich viel schneller in die Stadt hinein. Ein guter Fußgänger war ich ja zeit meines Lebens nie. Viel zu langsam mit meinen Flossen. Aber wenn ich dran denke, was so ein Roller kostet, und dann extra noch Benzin und Öl! Nee, nee, bei meinem Gehalt... Piep!

Der gute Ompül fällt diesmal fast aus seinem Schaukelstuhl. Oben im Schrank steht die Türe sperrangelweit offen!

Na wart nur, jetzt hol ich dich! So eine Frechheit. Und mit einer wirklichen Strickleiter ist mir dieses Biest an Speck, Käse und Keks gestiegen!

Und tatsächlich: Aus dem geöffneten Schrank hängt eine ganz, ganz kleine Strickleiter. Aber ehe noch Ompül aus seinem Schaukelnest heraus ist, kommt eine winzige Maus heruntergeklettert, huscht über die Dielen – und fort ist sie. Nichts wie zum Speck!

Ja, seufzt Ompül, jetzt haben wir die Bescherung! Da hat mir dieses unverschämte Ding tatsächlich ein Loch in den Käse gefressen. Na warte, wenn ich dich erst erwische, dann werfe ich dich durchs Fenster ins Gras, damit du dir nicht weh tust!

Hätte er doch diesen verflixten Schlüssel zur Hand. Aber der, der ist fort, spurlos verschwunden!

Hat ihn etwa gar die Maus versteckt? Zuzutrauen wär's ihr ja. Wer Käse maust, vor dem ist auch kein Schlüssel sicher! Altes Sprichwort. Aber was nützt das schon? Am besten, ich nehme einmal diese dumme Strickleiter fort... So, in den Schrank mit ihr! Und nun bequemt sich der faule Ompül doch zu den Scheinwerfern hinauf. Gemächlich robbt er die Wendeltreppe hoch, aber der verschwundene Schlüssel ist auch hier nicht zu finden.

Also doch die Maus! Sie hat ihn!

Er knurrt mißmutig und schaut auf das Meer hinaus. Und da zieht eben ein großer, großer Dampfer vorbei. – Mensch, ist der aber groß, ruft Ompül begeistert, der ist ja so groß, daß er in unseren kleinen Hafen gar nicht hineinpaßt!

Und er vergißt vor Staunen die diebische Maus im Haus.

Die ist aber inzwischen wieder aus ihrem Loch gekommen und hat eine neue Strickleiter mitgebracht. Von diesen praktischen Dingern besitzt sie ein ganzes Magazin voll, ein reicher Onkel hat sie ihr alle aus New York geschickt. Also keine Not! Mag auch der Herr Ompül ein paar davon wegnehmen, es sind noch immer genug da... Schwupp, die kleine feine Leiter wird hochgeworfen, zwei winzige Haken fangen sich an einem Vorsprung – und nichts als wie rauf! Ja, das ist ein guter Käse, der Herr Leuchtturmwächter kauft keine schlechten Sachen ein!

Und sie knabbert wieder ein ordentliches Stück aus dem Emmentaler. Als nun der große, große Dampfer wieder fort ist, bemerkt Ompül, daß es schon finster wird, ziemlich dunkel ist es. Und er denkt: Nee, jetzt bleib ich lieber gleich oben. Sollte ich zweimal diesen langen Weg machen? Die Strickleiter habe ich weggenommen, und damit sind Speck, Käse und Kekse in Sicherheit. Basta, ich schalte meine Scheinwerfer an, 's ist sowieso schon höchste Zeit!

Und er tut es.

Und die Maus, drunten in der guten Stube, denkt:
Eigentlich bin ich ein rechter Geizkragen. Ich knabbere mich hier dick und fett, und meine armen Brüder und Schwestern müssen inzwischen darben. Wozu hat der Herr Leuchtturmwächter ein Telephon? Ich will eine gute Tat tun!

Und hops ist das Mäuschen auf dem Tisch, holt den Hörer aus der Gabel, tritt mit seinen Füßchen in die Nummern der Wählscheibe und surr surr – gradeso wie es die weißen Mäuse im Treträdchen tun – drei achtzehn fünfundsiebenzig...

Ja? Ist dort das Fräulein Knabbelienchen? Ich bin's, dein lieber Bruder! Und so ruft die kleine Maus nach und nach die ganze Verwandtschaft an. Der arme Ompül muß dazu noch die Telephonrechnung bezahlen.

Der aber weiß noch nichts von seinem Pech. Während hintereinander an die dreißig Mäuschen, töff töff töff, mit ihren kleinen Autos angefahren kommen, dreht er gemächlich seine Scheinwerfer aufs Meer hinaus und schmaucht seinen Knastertabak.

Und unten, in der guten Stube? Kinder, ich sage euch, ist das ein Gepiepse und Geknabber! Nur zu bald ist von Ompüls Abendbrot nichts mehr über. Sogar Schwarten, Rinden, Frischhaltebeutel und Kekskarton werden weggeputzt! Und in Ompüls Schaukelstuhl sitzt die kleine Maus und hält den Schrankschlüssel in den Händchen. Ja, da sitzt sie und guckt satt und zufrieden dem lustigen Treiben zu.

So, sagt Ompül, jetzt werde ich meine Scheinwerfer auf ein Viertelstündchen alleine lassen, es ist ohnedies kein einziger Dampfer in der Nähe. Ich habe Hunger und werde mir eine leckere Käsestulle machen.

Ja, Käsestullen und Zitronentee, das mag Ompül für sein Leben gern! Doch was muß er hören, als er unten an seiner Stubentüre anlangt? Piep piep piep piep! Grade als ob die ganze Welt bloß aus Mäuschen bestünde!

Vorsichtig blinzt er durch das Guckloch in die Stube hinein... O je, o je, o jemine! ruft er ganz verstört aus, da dachte ich, ich hätte nur eine einzige

Maus im Haus, aber derweil sind es mindestens ihrer hundert geworden. Er übertreibt ein wenig, aber er ist ja im Augenblick so baff, daß er alles doppelt und dreifach sieht.

O weh, die erwisch ich niemals, sagt er sich ganz betrübt, ich bin ja viel zu langsam, die tanzen mir doch nur auf der Schnauze herum, wenn ich es versuchen sollte, sie zu fangen, und lachen mit dazu auch noch aus. Was also tun?

Und die Brüder und Schwestern der kleinen Maus tanzen und singen übermütig ein Lied:

> Schnickedischnex,
> Käs und Keks,
> Käs und Keks und fetten Speck
> Knabbern wir dem Ompül weg.
> Der Ompül ist ein Dummrian,
> Weil er uns nicht fangen kann!

Ich bin ja gar kein Dummrian, sagt Ompül hinterm Guckloch, nur etwas langsam bin ich.

Und der alte Onkel Maushofer hat sogar seine Gitarre mitgebracht, und die kleine Maus im Schaukelstuhl pfeift mit dem Schlüssel. Ja, da ist guter Rat teuer! Aber in seiner Not kommt Ompül ein rettender Gedanke: Er ist ja doch kein Dummrian, wie die Mäuse meinen! Ompüls Vorgänger, der Seehund Igor, war ein lustiger Herr gewesen. Und nichts hatte er lieber getan, als auf Karnevalsmaskeraden zu gehen.

Vielleicht gibt es in der Rumpelkammer noch ein paar alte Kostüme? Ich könnte da eines anziehen und solcherart verkleidet diesen frechen Dieben einen heilsamen Schreck einjagen?!

Und während die übermütigen Mäuschen singen und tanzen, robbt Ompül in die Rumpelkammer – und was findet er? Ein Kater-Carlo-Kostüm und einen Kopf dazu, zum Aufsetzen! Und wie das paßt! Ompül erkennt sich im Spiegel nicht wieder…

Und schlurf schlurf geht es zum Hintertürchen vors Haus hinaus. Unterm Stubenfenster steht ein grüner Schemel, auf diesen steigt der verkleidete Ompül und kratzt leise an den Fensterscheiben – miau miau! Die Mäuschen hören noch nichts, sie lärmen zu sehr. Jetzt kratzt Ompül lauter – miau miouu! Und der alte Onkel Maushofer ist gar nicht schwerhörig, er spitzt die Ohren und – Du lieber Himmel, eine Maus! Ach, was sag ich? Ein Kater! Er springt vor Schreck in seine fallengelassene Gitarre. Ein Kater? Und Ompül kratzt noch lauter – miouu miau miouu! Er kratzt ganz schrecklich mit den künstlichen Krallen, die Fensterscheiben zittern, und der Mond scheint auch dazu.

Ach, das hättet ihr sehen müssen! Die kleine Maus läßt den Schlüssel Schlüssel sein, macht einen Kopfsprung aus dem Schaukelstuhl, und schon ist sie auch an der Türe, nur raus mit der Maus aus dem Haus!

Und hinter ihr her die ganze Sippschaft samt dem alten Onkel Maushofer, der ja seine Gitarre doch nicht mehr braucht, weil er sie in der Aufregung zertreten hat. Töff töff töff, da sausen sie jetzt alle mit ihren kleinen Autos der Stadt zu...

Und Ompül? Ja, der zieht zufrieden seine Katerkluft aus und hängt sie für alle Fälle in den Kleiderschrank, griffbereit, man weiß ja nie, was einem der Abend manchmal für Besucher bringt.

Und wenn er auch etwas langsam ist – ein Dummrian, nee, das bin ich nicht! sagt er. Und er geht her und brät sich zwei schöne Äpfel auf der Ofenplatte.

2

Dann spielen sie Gespenster und kriechen durch die Fenster – lauter wahre Geschichten

Gudrun Pausewang

Binders Sonntag gefällt mir besser

Bei Kohlmeyers geschah kürzlich etwas ganz Entsetzliches, ausgerechnet an einem verregneten Sonntagnachmittag, so um halb fünf: Der Fernseher ging nicht mehr! Von einem Augenblick auf den anderen war er einfach kaputt, und er blieb es auch, obwohl ihn Vater Kohlmeyer von hinten beleuchtete und dort an Knöpfen drehte und an Steckern herumsteckte und jeden anschnauzte, der sich ihm näherte.

Als er sich endlich damit abfinden mußte, daß es mit dem Fernsehen für den Rest des Sonntags aus war, wurde er unglaublich wütend.

«Weiß der Teufel, wer von euch Rangen wieder daran herumgespielt hat!» beschimpfte er seine vier Kinder, die sich stumm an die Wand drückten.

«Die Kinder waren es sicher nicht», wagte Mutter Kohlmeyer zu sagen, «vielleicht hat er beim Lüften Zugluft bekommen –»

«Ach Unsinn! Was verstehst denn du von der Technik!» rief der Vater und warf sich verzweifelt in den Sessel. «Und jetzt? Was soll jetzt werden? Wie sollen wir denn den Sonntag herumkriegen? Aber das sage ich dir, Else, wenn heute abend die Fußballübertragung ist, gehe ich rüber in die Kneipe, dort funktioniert der Kasten immer!»

Da sank die Mutter auch in einen Sessel und wurde schweigsam.

Die Kinder flüsterten miteinander, und dann rief Tim, der Jüngste: «Weißt du was, Vati? *Wir* machen jetzt Fernsehen für euch beide!»

Weder Vater noch Mutter gaben Antwort. Sie waren mit ihren Gedanken woanders.

«Ein richtiges Programm!» rief Jenni, die Zweitjüngste, begeistert.

«Laßt mich in Ruhe», seufzte der Vater und schloß seine Augen.

Die Kinder kümmerten sich nicht mehr um ihn. Sie waren schon eifrig an der Arbeit. Die Türen gingen auf und zu. Der Vater knurrte. Aus Stühlen, Decken und Besenstielen entstand ein Rahmen. Auch das Bügelbrett war darin eingebaut. Nach zehn Minuten Geflüster und erneutem hastigen Gerenne und Tür-auf-Tür-zu rief Tim: «Jetzt müßt ihr unseren Fernseher andrehen!»
Der Vater rührte sich nicht, er stellte sich schlafend. Die Mutter seufzte ergeben und fragte: «Wo ist der Knopf?»
«Du brauchst nur so zu tun, als ob du drehst», sagte Jenni, «schau, so.» Die Mutter erhob sich erschöpft, drehte den unsichtbaren Schaltknopf und zog sich wieder in ihren Sessel zurück. Jetzt stieß Suse eine Fanfarenmelodie aus, und Ralf erschien im Rahmen. Er hatte sich extra dafür gekämmt und machte ein todernstes Gesicht. Er sah auch wirklich ein bißchen erwachsen aus, denn er war ja schon elf Jahre alt. «Meine Damen und Herren», sagte er, «hier ist der Sender Rimdidim. Sie hören jetzt die neuesten Nachrichten. Zuerst die wichtigste Meldung: Bei Kohlmeyers in Neustadt ist heute nachmittag um halb fünf der Fernseher kaputtgegangen.»
Der Vater zuckte in seinem Sessel zusammen.
«Aber», fuhr der Nachrichtensprecher fort, «die Kohlmeyers machen sich jetzt ihr Fernsehprogramm selber, und das ist viel besser als das frühere. Weitere Meldungen: Alle Fußballer sind plötzlich krank geworden, deshalb fällt das Fußballspiel aus, und es gibt heute abend keine Übertragung. Sie sehen jetzt ein Interview mit Oskar Kalikopkowitsch, dem Mittelstürmer.»
Im Rahmen erschien Tim, verzog schmerzlich sein Gesicht und hielt sich den Bauch. Ralf hielt ihm als Mikrofon einen Schneeschläger vor den Mund und fragte: «Wie geht es Ihnen und Ihrer Mannschaft? Wie fühlen Sie sich?»
«Alle Durchfall», stöhnte Tim. «Da kann doch keiner verlangen, daß wir spielen!»
Suse und Jenni, die sich seitlich hinter dem Rahmen versteckt hielten, mußten kichern. Tim verschwand, Ralf ließ den Schneeschläger sinken und war wieder Sprecher.

«Meine Damen und Herren», sagte er, «bitte entschuldigen Sie diese Geräusche, die nicht zur Sendung gehörten. Der starke Regen ist an der Störung schuld. Und nun weitere Meldungen: Professor Alfons Schlaukopf hat nachgewiesen, daß solche Väter und Mütter, die sonntags mit ihren Kindern spielen statt fernzusehen, mindestens zwanzig Jahre länger leben als Fernsehmuffel.»

Die Mutter mußte lachen, und der Vater öffnete sein rechtes Auge.

«Jetzt die allerletzte Meldung, die uns soeben erreicht hat», fuhr der Sprecher fort. «In Neustadt ist vor einer halben Stunde eine Kneipe in die Luft geflogen, die in der Lindenallee, mit allem, was drin war, auch mit dem Fernseher. Und noch das Wetter für morgen: Heute regnet es, und wenn es bis morgen nicht aufhört, wird es morgen auch noch regnen. Sollte es aber heute schon aufhören zu regnen, wird es morgen, wenn es inzwischen nicht wieder anfängt, nicht regnen. Wir schalten um auf den Sender Klimbim und sehen jetzt Werbung.»

Auch Vater Kohlmeyers zweites Auge öffnete sich erwartungsvoll.

Was nun kam, übertraf bei weitem seine Erwartungen: Jenni, die Neunjährige, erschien in Mutters Stöckelschuhen und führte Tim an der Leine, der auf allen Vieren lief und bellte. Ralf kam von der anderen Seite mit einer Schachtel in der Hand. Die Mutter schöpfte Verdacht. Sie beugte sich vor und erkannte eine Packung Rosinen.

«Guten Tag, Frau Müller», sagte Ralf und lüftete Vaters Hut. «Sie haben behauptet, Ihr Hund frißt kein Hundefutter aus der Packung.»

«Das stimmt», antwortete Frau Müller. «Mein Schnäuzi frißt nur frisches Fleisch. Nicht wahr, Schnäuzi?»

Schnäuzi nickte.

«Das werden wir gleich sehen», sagte Herr Ralf, langte einen Teller aus dem Rahmen, stellte ihn auf den Boden und schüttete die Rosinen hinein. Augenblicklich kniete sich Frau Müller vor dem Teller nieder und rief: «Oh, das sieht ja wirklich sehr appetitlich aus!», beugte sich über die Rosinen und begann sie aufzufressen, einfach so, ohne die Hände zu benutzen. Schnäuzi wollte auch ran, aber Frau Müller fing an zu knurren. Da zog sich Schnäuzi zurück und jaulte jammervoll.

«Sooo gut ist unser Hundefutter FRAUCHENS LIEBLING!» posaunte Ralf. Da fing der Vater an zu lachen, und die Mutter lachte mit, obwohl sie jetzt keine Rosinen mehr hatte.

«Großartig!» rief er. «Glänzende Idee!»

«Wir schalten um auf den Sender Suse», rief Ralf. «Wir wünschen Ihnen viel Vergnügen bei der Sendung: SINGT MIT BEIM NEUESTEN HIT. Sie sehen jetzt die berühmte Popsängerin Holly Sonnykopp mit ihrem Song: Binders Sonntag!»

«Wie?» fragte der Vater und beugte sich vor. «Was für ein Sonntag?» Aber Holly Sonnykopp sang schon. Sie wiegte sich in den Hüften und hielt sich den Schneeschläger vor den Mund:

«Kennt ihr Herrn und Frau Binder?
Ihr Hobby sind ihre Kinder.»

«Vidirallalla!» sangen Ralf und Jenni lautstark, und Tim war der Schlagzeuger und schlug den Takt mit Topfdeckeln. Die Mutter hob die Hand, als sie das sah, aber dann ließ sie sie wieder sinken.

«Am Sonntag hat der Vater Zeit,
und auch die Kinder sind bereit –»

«Vidirallalla!» sang der Vater mit.

«Die Mutter ruft: Jetzt seid so nett
und holt den Vater aus dem Bett!»

Die Mutter mußte lachen und sagte: «Na, das sollte ich mal tun!», und der Vater erhob sich aus dem Sessel und dichtete selber eine Strophe:

«Da gibt es ein Gerangel,
an Lärm ist gar kein Mangel!»

Jetzt sang auch die Mutter das Vidirallalla mit. Holly Sonnykopp mußte mit ihrer nächsten Strophe warten, bis sich der Applaus für Vaters Beitrag legte.

«Im Bad wird Mutter dann getauft,
und Vater wird im Bart gerauft.»

«Jetzt ich, jetzt ich!» rief Tim und krähte:

«Beim Frühstück wirft man Tassen
mit schrecklichen Grimassen!»

Auch Jenni wollte eine Strophe beitragen:

«Dann gibt es eine Kissenschlacht,
wobei die Mutter Tränen lacht.»

«Borg mir dein Taschentuch, Werner», sagte die Mutter zum Vater, «ich lache wirklich Tränen.»

Aber Vater dichtete:

«Dann spielen sie Gespenster
und kriechen durch die Fenster.»

Wilder Applaus. Er schaute sich stolz nach der Mutter um.

«Mach doch auch mit!» rief er.

«Ich hab noch nie gedichtet», antwortete sie verlegen.

Ralf hatte inzwischen auch etwas zu bieten:

«Beim Essen wird's noch besser,
da spieln sie Menschenfresser!»

Suse, die Älteste, kam wieder zu Wort. Sie sang in den Schneeschläger:

«Danach, da schleichen sie sich raus
und indianern rund ums Haus.»

Der Vater war nicht mehr zu bremsen. Er schmetterte:

«Der Vater steht am Marterpfahl,
die Mutter heult wie ein Schakal!»

«Aber Werner», wehrte sich die Mutter und zog ihm das Taschentuch aus seiner Hosentasche, um sich die Lachtränen damit abzuwischen. Er merkte es nicht, denn eine neue Strophe lag ihm auf der Zunge:

«Und abends ziehn sie durch den Wald
und singen, daß es weithin schallt –»

Plötzlich legte er den Finger auf den Mund, machte aufgeregte Zeichen, zeigte auf die Mutter und rief: «Pst! – Ich glaube, die Mutti hat jetzt auch was zu bieten –»

Alle vier Kinder hielten den Atem an, und die Mutter sang:
>	«– und schauen dann so gerne
>	gemeinsam in die Sterne –»

«Bravo!» rief der Vater und klatschte begeistert. «Eine Entdeckung! Ich habe eure Mutti entdeckt!»

In Geschrei und Applaus ging die Sendung der Holly Sonnykopp unter. Der Vater wurde ungewöhnlich lebendig, er stürzte hinter den Rahmen und rief: «Meine sehr verehrten Zuschauer, nach einer kleinen Pause sehen Sie den Kurzfilm: LIEBESGEFLÜSTER.»

«Aber Werner», sagte die Mutter.

«Ja, ja, komm nur her!» rief der Vater durch den Rahmen der Mutter zu, «du mußt jetzt mitmachen. Die Kinder sind unsere Zuschauer.»

Er zerrte die Mutter aus dem Wohnzimmer ins Schlafzimmer. Dort rumorten sie eine ganze Weile unter Gelächter, dann kamen sie wieder zum Vorschein – aber wie! Die Kinder schrien vor Vergnügen: Die Mutter hatte einen Anzug vom Vater an und trug ihr Haar unter Vaters Hut hochgesteckt. Der Vater aber war fast nicht mehr wiederzuerkennen: Er hatte rotgeschminkte Lippen und trug Mutters Sommerhut auf dem Kopf. Er hatte ihren buntgeblümten Rock an und ihre gelbe Bluse, in die er sich vorn zwei Apfelsinen geschoben hatte, weil er ja auch einen schönen Busen haben wollte. Aber die Apfelsinen rutschten, er mußte den Arm darunterlegen, damit sie dort blieben, wo sie hingehörten. Er hatte die Mutter eingehakt und stöckelte in ihren Pantöffelchen, aus denen seine Fersen weit herausragten, mit ihr hinter den Rahmen.

«Ach lieber Werner», seufzte er mit hoher Fistelstimme der Mutter ins Ohr, «schau doch diesen wunderschönen Sonnenuntergang, das ganze Meer lila und rot»

Die Mutter warf einen verlegenen Blick auf die Kinder, die sie erwartungsvoll anstarrten, und sagte dann mit der tiefsten Stimme, die sie zustande brachte: «Else, ich kann ohne dich nicht mehr leben. Willst du meine Frau werden?»

«Aber gerne, gerne», piepste der Vater, «so schnell wie möglich, am besten gleich morgen!»

«Das habe ich aber wirklich nicht gesagt», rief die Mutter mit ihrer richtigen Stimme.

«Der Werner bist jetzt *du*», sagte der Vater, «vergiß das nicht.»

Und dann sprach er wieder mit einer hohen Stimme: «Ach Werner, ich freue mich ja schon so sehr auf unsere Kinder! Zuerst wünsch ich mir ein Mädchen, das soll Suse heißen, mit braunem, glattem Haar und einem Haufen Sommersprossen auf der Nase»

«Ja, genau so ist sie auch geworden!» rief Tim verblüfft.

«Und danach», brummte die Mutter, «wollen wir einen Jungen haben, nicht wahr? Mit blonden Borsten. Der soll Ralf heißen und ein Witzbold sein.»

«Genau, genau!» jubelte Tim.

«Sollten wir uns nicht noch ein Mädchen anschaffen?» säuselte der Vater und kuschelte sich an die Mutter. «So ein freches kleines Ding mit einer scheußlichen Handschrift und Grübchen in den Backen?»

«Wenn's sein muß», knurrte die Mutter. «Wie soll sie aber heißen? Eulalia? oder Victoria Regia?»

«Nein, nein, nur das nicht!» rief Jenni und wollte sich ausschütten vor Lachen.

«Ich bin für Jenni», flötete der Vater. «Das ist ein schöner Name für die Jüngste. Drei sind genug. Stell dir mal vor, was die für einen Trubel veranstalten werden!»

«Aber ich!» rief Tim. «Ihr habt ja *mich* vergessen!»

«Also das geht nicht», brummte die Mutter. «Wenn du dir noch ein Mädchen dazugewünscht hast, dann will ich auch noch einen Jungen. Damit Ralf nicht so allein ist. Einen Knirps als Schlußpunkt.»

«Na gut», sagte der Vater mit hoher Stimme. «Aber du mußt dich *auch* mit ihnen abgeben, vor allem sonntags. Schließlich haben wir beide sie uns ja gewünscht –»

«Und wie wollt ihr den Jüngsten nennen?» fragte Tim hastig.

«Ja, Else, wie werden wir den Jüngsten nennen?» fragte die Mutter den Vater nachdenklich. «Wie findest du zum Beispiel den Namen Kokolores?»

«Entzückend!» krähte der Vater.

«Nein, bitte nicht!» rief Tim erschrocken.

«Aber meinst du nicht, daß ‹Kokolores› ein bißchen lang ist?» fuhr der Vater fort. «Da vergeht ja schon ein halber Nachmittag, bis man den Namen ausgestoßen hat.»

«Nennen wir ihn Tim, basta», knurrte die Mutter. «Und jetzt gehen wir ganz schnell heim, denn die Sonne ist untergegangen, und die Füße sind mir eingeschlafen.»

«Noch ein Küßchen!» wisperte der Vater und streckte seinen Arme aus. Ach Herrje, er hatte die beiden Apfelsinen vergessen, und so rutschte ihm sein Busen ab. Die eine Apfelsine hüpfte durch den Rahmen und kullerte mitten unter die Zuschauer.

«Hier ist die eine Buse!» rief Tim. «Kann ich sie essen?»

«Ende des heutigen Programms!» rief der Vater.

«Und jetzt?» fragte Jenni. «Wir sind doch gerade so schön mitten drin.»

Der Vater schob den Fenstervorhang beiseite und schaute hinaus. Draußen dämmerte es schon. «Es regnet nicht mehr», sagte er. «Wollen wir alle zusammen noch einen Spaziergang in den Wald machen?»

Die Kinder waren begeistert.

«Und in die Sterne sehen!» rief Suse.

«Wolltest du nicht in die Kneipe gehen?» fragte die Mutter den Vater und legte ihre Hand auf seine Schulter.

«Sie ist doch in die Luft geflogen», antwortete er. «Und überhaupt – Binders Sonntag gefällt mir besser.»

Kurt Baumann

Mischas Küchengeschichten

An einem strahlenden Sonntagmorgen band sich der Vater eine Küchenschürze um. Mischa stand daneben und grinste. Er hatte die Hände tief in den Hosentaschen vergraben.

Eine Weile war es totenstill in der Küche. Dann sagte der Vater:

«Junge», und schaute seinem Sohn ernst in die Augen. «Junge, ich werde jetzt das Geschirr spülen.»

«Das habe ich mir gedacht», sagte Mischa und machte ein ganz frommes Gesicht.

«Aber du wirst mir helfen dabei. Du wirst nämlich das Geschirr abtrocknen», sagte der Vater mit Nachdruck.

Mischa lächelte bedauernd. «Es tut mir leid, Papa, aber da hast du dich geirrt.»

«So? Und weshalb habe ich mich geirrt?»

«Weil ich nämlich nicht abtrocknen werde, darum hast du dich geirrt», sagte Mischa.

«Und warum wirst du das Geschirr nicht abtrocknen?»

«Weil ich nicht die geringste Lust dazu habe.»

«Soo, soo, mein Junge hat keine Lust dazu», meinte der Vater gedehnt.

«Aber weißt du auch, was ich mit dir machen werde, wenn du mir nicht helfen willst?»

Mischa lachte. «Nichts, gar nichts kannst du machen», rief er und hüpfte übermütig in der Küche herum.

Dazu sang er:

Mein Vater gibt sich stark
mit stolzen Muskelbergen
mächtig wie die von Zwergen
und hart wie Quark

Mein Vater tut sich groß
um mir zu imponieren
er kann's ja mal probieren
verliert doch bloß

Der Vater hatte sich langsam auf einen Stuhl niedergelassen. Er stützte die Stirn in beide Hände und dachte nach. Dann sagte er mit furchtbarem Ernst in der Stimme: «Siehst du die grüne Flasche dort? Ich werde den Korken herausziehen, dich in die Flasche stecken und den Korken fein säuberlich wieder hineintreiben, bis er tief im Flaschenhals sitzt. Dann wirst du für immer in der Flasche bleiben müssen. Du kannst nie mehr heraus. Und es ist ziemlich eng darin und riecht nach verschimmeltem, essigsaurem Wein. Wie gefällt dir das?»
«Das gefällt mir gut! Ich werde warten, bis du das Geschirr abgetrocknet hast. Dann werde ich den Korken von innen mit meinem spitzen Zeigefinger herausstoßen und aus der Flasche springen. – Ja, das werde ich tun», rief der Junge, «und dann kannst du was erleben!»
Der Vater zog bedrohlich die Augenbrauen zusammen. «Weißt du, warum dir das nicht gelingt? Weil ich den großen Küchenschrank dort auf die Flasche stellen werde, so daß du den Korken niemals herausstoßen kannst.»
«Nicht nötig», lachte der Junge. «Ich werde so wild in der Flasche herumspringen, daß sie umkippt und zerbricht, dann bin ich frei, und du wirst mich nie wieder einfangen.»
«Vergiß eines nicht», sagte der Vater mit einem unheimlichen Lächeln. «Wenn die Flasche zerbricht, dann liegst du genau unter dem Küchen-

schrank. Und den kannst du nicht beiseite schieben, der ist viel zu schwer für dich.»

«Aber mit den Glassplittern kann ich von unten ein Loch hineinbohren, durchs Loch schlüpfen und bequem oben bei der Schranktür heraussteigen. Daran hast du wohl nicht gedacht, gelt?»

Der Vater wischte sich den Schweiß von der Stirn. «Nein, daran habe ich nicht gedacht», sagte er bedrückt.

Da stellte sich Mischa hinter seinen Stuhl und näselte:

>Die Väter sind ja so gescheit
>mit ihrer hohen Stirne
>mit ihrem krausen Hirne
>
>sie denken grad so weit
>wie ihre Glatze breit
>wie's kribbelt in der Birne

Bevor ihn der Vater packen konnte, war Mischa bei der Tür. Dem Vater blieb nichts übrig, als sich wieder hinzusetzen.

«Schön», sagte er, «stelle ich den Kühlschrank eben nicht auf die Flasche! Viel besser, ich stelle die Flasche in meinen Koffer, fahre an die Küste und werfe sie in weitem Bogen ins Meer hinaus. Dann treibst du jahrelang als Flaschenpost über den Ozean, wirst seekrank dabei und kommst vielleicht gar nie ans andere Ufer.»

«Die Flasche wird aber schon an der nächsten Klippe zerbrechen. Dann werde ich mich am Korken festklammern und bequem ans Land paddeln», frohlockte Mischa.

«Kannst du», sagte der Vater mit furchterregender Stimme, «aber warte, bis du nach Hause kommst. Dann spüle ich dich nämlich durch den Spülstein direkt in die Kanalisation hinunter.»

«Und ich werde den Ablauf von unten so lange zuhalten, bis die ganze Küche überschwemmt ist,» kicherte Mischa. «Was sagst du jetzt?»
Der Vater sagte nichts darauf. Er saß niedergeschlagen am Tisch, auf dem das Geschirr stand, und dachte nach.
«Ich werde mir etwas anderes einfallen lassen. Zum Beispiel... wartmal...»
Aber es fiel ihm nichts ein, und Mischa tanzte triumphierend in der Küche herum.
Plötzlich lächelte der Vater boshaft. «Wie wäre es, wenn ich die Küchentür verriegeln würde und dich einfach so lange eingesperrt hielte, bis du das Geschirr abgetrocknet hast?»
«Die Fenster kannst du aber nicht verriegeln», schmunzelte Mischa.
Doch der Vater ließ sich nicht beirren. «Wir wohnen viel zu hoch, und die Fassade ist viel zu glatt, als daß du hinunterklettern könntest.»
«Wer spricht denn von Klettern», wundert sich Mischa. «Ich werde mich in einen Vogel verwandeln!»
«Nein, das wirst du nicht!» rief der Vater erschrocken.
«Doch, genau das werde ich! Und zwar in einen Spottvogel. Dann fliege ich auf jenen Baum, und während du das Geschirr spülst, pfeife ich dir spöttische Lieder herüber. Kennst du das Lied:

> Mein Vater hat zwei Hände
> spült das Geschirr behende
> und stellt es in den Schrank
>
> Zuvor nimmt er vom Haken
> ein weißes Küchenlaken
> und reibt die Teller blank.

Wie gefällt dir das?»
«Ein schönes Lied», sagte der Vater mit finsterer Miene, «und schön von dir, mich so zu veralbern.»

«Ich weiß noch ein anderes –», begann Mischa, aber der Vater unterbrach ihn.

«Genug! Ich will keins mehr hören. Und du wirst dich auch nicht in einen Vogel verwandeln!»

«Warum nicht?»

«Weil das feig wäre von dir.»

«Ist es vielleicht weniger feige, mich einzusperren?» fragte Mischa.

«Gut, dann sperre ich dich eben nicht ein»? sagte der Vater. «Ich weiß was viel Besseres. Ich blase dich durch die Muschel des Telefonhörers über die Drähte, bis dir schwindlig wird.»

«An deiner Stelle würde ich mir das zweimal überlegen», meinte Mischa spitzbübisch. «Und warum, wenn ich fragen darf?»

«Wenn ich nämlich den Telefondraht mit der Starkstromleitung verknote, dann geht der Strom direkt aufs Telefon, springt aus dem Hörer und steckt das ganze Haus in Brand. Das ist wie beim Blitz.»

«Könntest du so etwas wirklich tun?» fragte der Vater betroffen.

«Aber mit dem größten Vergnügen!» rief Mischa und tanzte wieder um den Tisch herum. «Wenn das Haus nicht abgebrannt ist, brauchst du auch keine Teller mehr zu spülen und nicht mehr abzutrocknen.»

«Du bist wirklich nett!» sagte der Vater. «Aber vergiß nicht, daß ich dich polizeilich suchen und als Brandstifter verhaften lassen werde. Auf Brandstiftung steht eine hohe Strafe.»

«So, die Polizei würdest du auf mich hetzen?» sagte Mischa kopfschüttelnd. «Ich hätte nie gedacht, daß du zu sowas imstande wärst! Jetzt lerne ich dich endlich kennen...»

Es war beinahe finster geworden in der Küche. Beide saßen sich gegenüber und starrten aneinander vorbei ins Leere. Auf dem Tisch stand noch immer das Geschirr und wartete darauf, gespült und abgetrocknet zu werden. Endlich sagte der Vater: «Hol mir doch rasch die Pfeife aus dem Wohnzimmer!»

Aber Mischa brummte nur: «Siehst du, immer das gleiche! Immer befiehlst du!» Dann sprang er auf den Tisch, stützte die Hände in die Seiten, wie er es oft bei seinem Vater gesehen hatte, und rief:

> Hol mir die Pfeife her
> ein Faß voll Teer
> ein Schiff mit Masten
> den Küchenkasten
> einen Eichenwald
> – wird's bald! wird's bald!
>
> Laß jetzt die Eisenbahn
> zieh frische Socken an
> putz dir die Zähne
> schau weg, wenn ich gähne
> schon wird die Suppe kalt
> – wird's bald! wird's bald!
>
> Beschmutz die Schuhe nicht
> kratz dich nicht im Gesicht
> berühr keine Vase
> bohr nicht in der Nase
> tu so als wärst du alt
> – wird's bald! wird's bald!

«Ich sehe schon, dir ist nicht beizukommen», sagte der Vater kopfschüttelnd. «So werde ich eben das Geschirr auch noch selber abtrocknen. Gegen dich komme ich nicht an.»
«Aber Papa», lächelte Mischa und nahm ein Küchentuch vom Haken. «Hättest du das doch gleich zu Anfang gesagt! Ich helfe dir doch gern; das ist doch selbstverständlich!»

Und gemeinsam stellten sich beide an den Spülstein und spülten und rieben das Geschirr, bis es funkelte. Dann klopfte der Vater Mischa auf die Schulter und sagte: «Du bist wirklich ein feiner Junge!»

Herbert Heckmann

Die Schlacht auf dem Perserteppich

Löffelchen las Zeitung. Er las zuerst die Witze, dann die Spalte «Verloren» und schließlich die Ehewünsche.

«Wie alt ist eigentlich eine Endvierzigerin.»

«So zwischen 40 und 60», antwortete der Vater.

Aber Löffelchen las auch die erste Seite der Zeitung, wo unter fetten Überschriften von Kriegen und von Katastrophen die Rede war.

«Ich glaube, ich werde einmal General.»

Der Vater winkte mit der Hand ab. «Der Krieg auf dem Papier macht sich immer schön. Die Wirklichkeit sieht ganz anders aus.»

«Aber so ein General hat doch ein schönes Leben. Er trägt eine schöne Uniform voller Orden und Goldstücke, und alle grüßen ihn.»

«Gestern wolltest du noch Rennfahrer werden.»

«Ich müßte einfach zehnmal auf die Welt kommen, um all das tun zu können, was ich gerne möchte.»

Aber zunächst ging Löffelchen noch in die Schule und lernte, daß der Main im Fichtelgebirge entspringt, daß der Mond um die Erde kreist und daß die Zwetschen nicht mit QU geschrieben werden. Manchmal sprach der Lehrer auch vom Krieg, daß nämlich die Franzosen gegen die Deutschen und dann wieder die Deutschen gegen die Franzosen gekämpft hätten und *die* gegen *jene,* man kann das alles gar nicht behalten.

Auch in den Büchern, die Löffelchen las, wimmelte es von Kriegen, von tapferen Männern, die ihr Leben aufs Spiel setzten, von listigen Spionen und Verrätern: Die Schwerter klirrten, die Kanonen donnerten, das Blut floß. Löffelchen las mit offenem Mund, und er konnte es nicht verstehen, wenn seine Mutter ihn in seinen Buchstabenabenteuern störte, um ihn zum Essen zu rufen.

«Der Kampf ist noch nicht zu Ende», maulte er.

Aber Bücher hin, Bücher her, seine Mutter dachte nicht daran, die Mahlzeiten nach dem Stand der gedruckten Ereignisse zu richten.

«Gibt's denn wenigstens Büffelfleisch?» fragte Löffelchen.

«Nein, Spinat.»

Das war nun wirklich kein Essen für einen Helden oder für einen, der ein Held werden wollte.

Als es einmal regnete, besuchte Löffelchen Hummelpaul. Hummelpaul besaß eine Ritterburg mit einer Zugbrücke, zwei Panzerwagen, eine Rakete, zwei Kanonen und ungefähr 70 Soldaten, Cowboys, Indianer, Ritter zu Pferd und zu Fuß und einen rothosigen General, der durch ein Fernrohr guckte. Außerdem einen Planwagen, vier Kühe, drei Schafe und einen Krankenwagen.

Hummelpaul bestand darauf, die Ritterburg zu verteidigen. Die Schlacht fand im Wohnzimmer statt. Hummelpaul zog sich in die Ecke zurück, in der die Standuhr tickte, Löffelchen stellte seine Soldaten auf dem Perserteppich auf, immer zwei nebeneinander, so daß einer dem andern im Notfall helfen konnte, der General blieb im Hintergrund. Er starrte durchs Fernglas.

«Bist du soweit?» schrie Hummelpaul, der hinter seiner Ritterburg kniete. Er postierte einen Indianer auf die Zugbrücke.

«Nein!» rief Löffelchen verzweifelt, der gerade sein Schaf auf das Blumenornament des Teppichs niedersetzte. «Ich muß noch einen günstigen Platz für meine Kanone finden.»

Hummelpaul begann laut zu zählen. Als er bei 37 angelangt war, flehte Löffelchen: «Fang noch mal von vorne an, meine Kanone hat Ladehemmung.»

Hummelpaul griff sich an die Stirn: «Du bist mir vielleicht ein Feind.»

«Sei nur ruhig. Man schießt nicht auf einen wehrlosen Mann.»

«Im Krieg schon.»

«So, dann kommst du vors Kriegsgericht.»

«Hast du eine Ahnung.»

«Halt die Klappe, ich bin soweit.» Löffelchen lag auf dem Bauch und zielte mit seiner Kanone auf einen Tomahawk schwingenden Indianer. «Halt!» schrie er, als Hummelpaul bei 2 angelangt war. «Was gibt's schon wieder?»

«Ich muß erst wissen, warum wir überhaupt kämpfen.»

Hummelpaul ließ den Kopf erschöpft auf seinen Arm sinken.

«Du hast wohl Ameisen im Hirn», sagte er.

«Man kann doch nicht so mir nichts, dir nichts Krieg führen.»

«Warum nicht! In Wirklichkeit macht man das so. Man rückt einfach in das Feindesland und schießt.»

«Das ist ja feig. Also rück schon raus, warum kämpfen wir?» Hummelpaul hantierte an seiner Kanone.

«Paß auf, du siehst doch den Teppich?»

«Klar.»

«Dieser Teppich ist mein Gebiet, und das willst du mir wegnehmen.»

«Was ist eigentlich der Teppich wert?»

«Mensch, bist du eine Tüte. Willst du eigentlich Krieg führen oder einen Teppich kaufen?»

«Los, zähl schon. Bei drei knalle ich dir deine Burg zu Bruch.»

Hummelpaul begann zu zählen. Löffelchen spannte den Hebel seiner Kanone. Diesmal klappte es. Der erste Schuß verfing sich in den Blättern des Gummibaums. Hummelpaul traf den Vorhang. Sie schossen mit Holzkugeln, die meist danebengingen. Es war ein anstrengender Krieg. In der Armee von Löffelchen gab es den ersten Toten. Ein römischer Soldat, der eine Lanze trug, fiel auf die Nase.

«Zufall!» schrie Löffelchen. Er hatte schon drei Mann verloren, als er zum ersten Mal traf. Eine Kuh auf der Seite Hummelpauls kippte ins Gras. Hummelpaul stieß ein Kriegsgeheul aus und zog am Teppich. Das vertrug der General Löffelchens nicht. Er verlor das Gleichgewicht und rammte das Fernrohr in den Teppich.

«Hurra!» triumphierte Hummelpaul.

«Betrug!» schrie Löffelchen, «das war ein Erdbeben und kein Schuß.» Er stellte den General wieder auf die Füße und flüsterte: «Das kommt davon, wenn man immer durchs Fernrohr guckt.»

Die Schlacht auf dem Perserteppich zog sich den ganzen Nachmittag hin. Der Gummibaum verlor ein Blatt. Die Standuhr tickte unbeirrt. Sie ließ sich nicht aus dem Takt bringen. Als sie sechs schlug, besaß Löffelchen nur noch vier Mann, den General und eine Kuh, Hummelpaul dagegen sieben Ritter, einen Indianer und keine Kuh. Der Kampf hatte auch die Bäume nicht verschont.

Dämmerung trat durchs Fenster in das Zimmer. Löffelchen konnte die Truppen seines Gegners nicht mehr genau erkennen. Er schoß aufs Geratewohl. Plötzlich klatschte eine Kugel Hummelpauls gegen seine rechte Backe.

«Mensch, paß auf!» schrie er.

«Volltreffer!» Hummelpaul sprang auf und stieß dabei gegen seine Burg, so daß drei Ritter und ihre Pferde zu Boden stürzten.

Löffelchen packte den Teppich und zog kräftig an ihm. Die letzten Helden auf beiden Seiten sanken um.

«Der Krieg ist aus. Gewonnen hat keiner.»

Über das Schlachtfeld senkte sich die Dämmerung. Überall lagen Tote. Eine Kuh streckte alle viere in die Luft.

«Stell dir einmal vor», begann Löffelchen nach einer Weile, «das hier wäre ein richtiger Krieg gewesen.»

«Und?»

«Na ja, dann wären alle tot, und es gäbe keinen Baum mehr, keine Felder, keine Straßen, keine Häuser und keine Eisbuden.»

«Und keine Schule...»

«Und dich auch nicht mehr.»

Hummelpaul schwieg. Er strich mit der Hand über die Zinnen seiner Burg. Die Standuhr tickte.

«Hast du die Sprache verloren?» fragte Löffelchen.

«Komm, wir räumen den ganzen Kram wieder ein», antwortete Hummelpaul und knipste das Licht an.

Für einen Augenblick war Löffelchen geblendet. Als sich seine Augen an die Helligkeit gewöhnt hatten, sah er den General neben dem Schaf liegen.

«Mensch, ist das ein doofes Spiel», sagte er und legte die gefallenen Helden in einer Persilkiste.

Sonja Matthes

Frau Axt kann nicht bis zwei zählen

Frau Axt war beim Arzt gewesen. Der hatte ihr Tabletten verschrieben. Davon sollte sie täglich zwei Stück nehmen.
«Dann können Sie besser schlafen, und Ihre Nerven werden sich beruhigen.»
Hm, dachte Frau Axt, wenn ich von zwei Tabletten gut schlafe, dann schlafe ich von zehn Tabletten bestimmt noch besser. Mit einem Glas Wasser schluckte sie alle Tabletten auf einmal. Frohgemut legte sie sich aufs Sofa.
Es dauerte gar nicht lange, da meinte Frau Axt, das Sofa finge an zu schaukeln. Träumte sie? War sie wach? Ihr wurde ganz schwindelig. Alles begann zu verschwimmen. Sie wußte nicht einmal, ob sie die Augen geschlossen hatte oder nicht.
Den Teppich hielt sie für Wasser. Das Sofa war ein schwankendes Schiff. Frau Axt bekam mächtige Angst. Sie wollte von dem wackelnden Schiff herunter. Irgendwo versuchte sie sich festzuhalten. In ihrer Aufregung griff sie nach der Leine, die da baumelte. Allerdings war es gar keine Leine, sondern die Schnur vom Fernscher. Und weil sie mit aller Kraft daran riß, flog der Fernseher ins Wasser –, Verzeihung, auf den Teppich. Es knallte fürchterlich. Frau Axt bekam immer größere Angst. Sie fuhr hoch, stieß einen durchdringenden Schrei aus und kippte um. Mit Getöse fiel sie vom Schiff.
Die anderen Hausbewohner hörten den Lärm. Sie lehnten sich im Treppenhaus übers Geländer und beratschlagten, ob man nicht in die Wohnung von Frau Axt eindringen solle. Es sei doch wohl etwas geschehen. So hatte noch keiner Frau Axt schreien gehört.
Einer läutete an der Wohnungstür, erst zaghaft, dann Sturm. Niemand rührte sich da drinnen.

«Es muß aber doch jemand da sein. Eben war es doch noch so laut, als sei ein Elefant in der Wohnung.»

Man verständigte den Hausverwalter, und der schickte die Polizei. Zwei Beamte kamen die Treppe herauf, läuteten und klopften. Nichts geschah. Was blieb ihnen anderes übrig, als die Tür aufzubrechen. O je, da sahen sie die Bescherung: Frau Axt lag auf dem Teppich und schnarchte. Ihre Hände umklammerten die Zimmerpalme, die Erde aus dem großen Blumentopf hatte sich auf dem Boden verkrümelt. «Da kann nur ein Arzt helfen», sagte der eine Polizist.

Man ließ den Doktor kommen. Der jagte Frau Axt durch die Kleidung hindurch eine große Spritze in den Po, setzte sich aufs Sofa und wartete. Es dauerte nicht lange, bis die Patientin zu sich kam und sehr verwundert dreinschaute.

Der Arzt half ihr aufs Sofa und klärte sie auf. Dann sagte er noch: «Sie müssen doch bis zwei zählen können! Zwei Tabletten sollten Sie nehmen. Wenn Sie diesen Unsinn nochmals machen, müssen Sie damit rechnen, daß Sie als Leiche wieder aufwachen!»

Irmela Brender

Jeannette wird Schanett

Eines Tages, als Jeannette schon eine Zeitlang sechs Jahre alt gewesen war, kam sie zum Mittagessen nicht nach Hause.

Sie wird keinen Hunger haben, dachte sich ihre Großmutter und aß den Grießbrei mit Zucker und Zimt allein.

Jeannette kam auch nicht zum Geschirrspülen, und die Großmutter machte sich ein paar kleine Sorgen. Außer der Großmutter gab es niemand, der sich um Jeannette Sorgen machte, und darum wollte sie nicht gleich übertreiben.

Als aber Jeannette auch am Abend nicht kam, nicht zum Abendessen und nicht beim Dunkelwerden, da merkte die Großmutter, daß die Sorgen inzwischen riesengroß geworden waren, ganz von selbst. Sie zog die Haussandalen aus und die Straßensandalen an und machte sich auf, Jeannette zu suchen.

Dort wo sie wohnten, in einer kleinen Stadt vor, hinter oder neben der großen Stadt, je nachdem, aus welcher Richtung man kommt – dort also gab es sechs gerade Straßen und drum herum eine runde. Jeannette war in keiner von den sieben. Da seufzte die Großmutter, putzte sich die Nase und ging zur Polizei.

In der Polizei saß ein Polizist, dem erzählte sie von ihren Sorgen und wie sie immer größer geworden waren. Der Polizist hörte sich das an und nickte, als wollte er sagen: Das ist keine besondere Geschichte. Laut aber sagte er: «Vermißtenanzeige also. Wie heißt die vermißte Person?»

«Jeannette», erklärte die Großmutter, «und sie ist keine vermißte Person, sondern ein Kind.»

«Buchstabieren Sie Jeannette», verlangte der Polizist, denn er mußte alles aufschreiben.

«Jot-e-a-en-en-e-te-te-e», buchstabierte die Großmutter.

«Jäännettä also», brummte der Polizist. «Warum sagen Sie das nicht gleich so?»

«Weil man es anders ausspricht, wie Schanett, wobei man sich denken muß, das Sch ist aus Speiseeis und ein bißchen an der Sonne geschmolzen. Jäännettä schreibt man nur, man sagt das nicht so.»

Der Polizist winkte ab. «Alter?»

«Halb sieben», sagte die Großmutter.

«Größe?»

«Etwas mehr als die Hälfte von mir.»

«Gewicht?»

«Ein Drittel von mir, vielleicht.»

«Haare?»

«Wie Kastanien, wenn sie gerade aus der Schale geplatzt sind.»

«Augen?»

«Auch wie Kastanien, aber etwas später.»

«Kleidung?»

«Pullover und Jeans. Blau.»

«Besondere Kennzeichen?»

«Sie ist so nett», sagte die Großmutter und putzte sich wieder die Nase.

«Das bringt uns überhaupt nicht weiter», brummte der Polizist und wollte gerade noch unzufriedener werden, da ging die Tür auf, und herein kamen ein zweiter Polizist und – Jeannette.

«Das Kind hier hab ich gefunden...», fing der zweite Polizist an, doch Jeannette unterbrach ihn mit dem, was wichtiger war: «Großmutter, die Katze hat sieben Junge gekriegt, denk dir mal, sieben, als ich hinkam in die Garage, da kam gerade das erste, und da hab ich ihr versprochen, bei ihr zu bleiben, bis alle da sind. Ich konnte doch nicht ahnen, daß es sieben würden. Und da bin ich noch ein bißchen geblieben, um sicher zu sein, daß nicht noch mehr kämen. Sieben neue Katzen auf der Welt – ist das nicht was?»

«Das ist was», sagte die Großmutter, lachte und gab Jeannette auf jede Backe einen Kuß. Der zweite Polizist lächelte, während der erste die Augenbrauen zusammenzog und brummte: «Das ist also die vermißte Jäannettä?»

«Jeannette», sagten Großmutter und Jeannette im Chor, wobei es klang wie Schanett und man sich denken muß, das Sch ist aus Speiseeis und – aber das wurde schon erwähnt.

«Jäannetta!» wiederholte der Brummpolizist störrisch. «So wird es auf jeden Fall geschrieben, also halten Sie sich gefälligst daran. Gute Nacht.»

Auf dem Heimweg begann Jeannette von den sieben Katzen zu erzählen. Für jede Katze brauchte sie fünf Minuten und für die Katzenmutter dann zehn, und so lag sie schon im Bett, als sie endlich zu der Frage kam, die seit einer Dreiviertelstunde aus ihr herauswollte: «Sag mal, Großmutter, stimmt es, daß man mich anders schreibt als man mich spricht?»

«Es stimmt», gab die Großmutter zu, «aber das macht ja nichts. Die Leute können das lernen. Man muß sich auch mal ein bißchen anstrengen füreinander.»

Jeannette dachte an den Brummpolizisten, der aussah, als müsse er sich dauernd anstrengen, den ganzen Tag, die ganze Nacht und sonntags auch, bis er nur noch brummen konnte vor Anstrengung. Und sie dachte an den zweiten Polizisten, der freundlich gewesen war. Allerdings hatte er auch nicht gewußt, daß man sie anders schrieb als man sie sprach.

«Weißt du was, Großmutter» – rief Jeannette, als es schon dunkel war in der Wohnung und sie nicht mehr leise reden konnte, weil sie darüber eingeschlafen wäre – «weißt du was? Ich schreibe mich jetzt, wie ich mich spreche – Schanett. Vielleicht wird es Zeit, daß ich mich ein bißchen anstrenge für die andern.»

Von mir aus, wollte die Großmutter sagen, aber sie schnarchte schon.

Wolfdietrich Schnurre
Lieben heißt loslassen können

Vater hatte nicht viele Grundsätze, aber einer seiner wenigen war, daß man nett sein müsse zu Tieren. Er war nie übertrieben freundlich zu ihnen, und die Tiere gaben sich eigentlich auch keine besondere Mühe; es war mehr eine Art gegenseitigen Geltenlassens: Die Tiere und Vater maßen sich mit skeptischen Blicken, zuckten die Schulter und gaben zu erkennen, man könne es ja einmal miteinander versuchen.

Das erste Tier, das Vater mir schenkte, ist ein Laubfrosch gewesen, der Theodor hieß. Theo war nackt und hellgrün, und räusperte sich jemand im Zimmer, dann quakte er, und das klang, als würden in einem Blechsieb Erbsen durcheinandergeschüttelt. Vater ahmte sein Quaken aber auch nach, und bald beherrschte er es derart vollkommen, daß sich die beiden, besonders vorm Einschlafen nachts, oft regelrecht unterhielten.

Ich mochte Theo sehr gern, er war so wunderbar glatt, und vor allem konnte er mit Hilfe seiner Saugnäpfe an der Scheibe kleben, fester noch als ein Kaugummi; nur sein Kehlsack bewegte sich dann, und in seinen goldenen Augen spiegelte sich der Deckel des Einmachglases gewölbt wie ein Sternhimmel wider.

Die Fliegen, die Theo verzehrte, fingen wir an der sonnendurchwärmten Friedhofsmauer für ihn; aber manchmal besorgte ihm Vater auch einen Kohlweißling. Hatte Theo ihn endlich geschluckt, wirkte er um den Kopf herum wie ein Engel. Die weißen Flügel standen ihm oft noch eine Viertelstunde danach aus dem Maul, und Theo sah immer unglaublich erstaunt, allerdings auch ebenso unschuldig drein, wenn er mit einem seiner Vorderfüße versuchte, die Flügel beiseite zu wischen.

Einmal hatte ich Angst, weil Vater abends nicht kam; da nahm ich das Einmachglas, in dem Theo saß, mit ins Bett, um Gesellschaft zu haben.

Am Morgen darauf war Theo erstickt.

Vater schob es den Engeln in die Schuhe. «Sie haben sich wegen der Kohlweißlinge gerächt», sagte er: «Die hatten zuviel Ähnlichkeit mit den Engeln.»

«Aber es hätte doch genügt», schluchzte ich, «wenn sie es einem sagen!»

«Lehr du mich die Engel kennen», sagte Vater verbissen.

Trotzdem, es hat lange gedauert, ehe ich wieder einem Frosch in die Augen sehen konnte, ohne zu schlucken.

Kaum jedoch war der Trauermonat für Theo um, da kam Vater mit einem Igel nach Hause. Wir nannten ihn Herr Kuwalek, und er wohnte im untersten Fach von Vaters Schreibtisch, zu dem ein schräggestelltes Hackbrett hinaufführte.

Herr Kuwalek aß Mistkäfer, Cremeschokolade, Schuhwichse, Gulasch, Briefmarken, Regenwürmer, Pelikanol, Küchenschaben, entkernte Pflaumen, weiße Mäuse und einmal auch einen großen Radiergummi, allerdings einen weichen von Faber. Am liebsten trank er Milch und schalgewordenes Bier, doch auch kalten Bohnenkaffee schlürfte er gern.

Tags schlief er; nachts raste er rasselnd und schnaufend durchs Zimmer und auf den Balkon, wo wir ihm mit Rasenplacken, Wegerichtstauden und Moos ein Stück Wiese nachgemacht hatten.

Daß Herr Kuwalek Flöhe hatte, merkten wir erst verhältnismäßig spät. Sofort meldete Vater sich krank, und wir bereiteten eine milde Lysol-Lauge zu; in der ließen wir Herrn Kuwalek, sorgsam darauf bedacht, daß ihm nichts in den Mund kam, dann schwimmen. Das Gesicht, das er hierbei machte, vergesse ich nie.

Bis dahin war er eigentlich leidlich gut auf uns zu sprechen gewesen, und Blutwurst fraß er Vater zum Beispiel schon aus der Hand. Doch von nun an war mit jeder Vertraulichkeit Schluß. Herr Kuwalek würdigte uns, obwohl doch all seiner Flöhe entledigt, jetzt auch nicht mehr des flüchtigsten Blicks.

Nach außen hin tat er zwar so, als wäre nichts weiter passiert, aber wir merkten sehr wohl, diese Lysol-Laugen-Affäre hatte sein Vertrauen zu uns endgültig erschüttert. Was blieb uns übrig, als ihn wieder hinaus an seinen Feldrain zu bringen? Wir mochten uns nicht über etwas amüsieren, das sich nicht auch amüsierte.

Ein andermal kam Vater mit einer jungen Schleiereule nach Hause. Wir nannten sie Hulda und klemmten ihr einen Besenstiel zwischen zwei Bücherregale. Dort saß sie im Schatten und blickte verächtlich durch uns hindurch. Hulda fraß kleingeschnittenes Fleisch, das man ihr mit Sand oder Federn bestreuen mußte, und nachts balancierte sie flügelschlagend und schnabelknappend auf dem Schreibtisch umher und versuchte im Mondschein, die andere Schleiereule kennenzulernen, die sie aus Vaters Rasierspiegel ansah. Frieda wurde von Hulda gehaßt; jedesmal, wenn sie kam, sauste ihr Hulda ins Haar. Vater sagte, eine bessere Charakterprobe sei gar nicht denkbar; und wirklich hat uns Frieda, solange wir Hulda hatten, dann auch nicht mehr besucht. Wir ließen immer das Fenster auf, denn Hulda sollte Gast und nicht Gefangene sein; doch irgendwie muß es ihr auch wieder bei uns gefallen haben. Denn jedesmal, wenn der Morgen dämmerte, saß sie, ohne von dem offenen Fenster angeregt worden zu sein, ein bißchen gelangweilt und mit leicht heruntergezogenen Schnabelwinkeln auf ihrem Besenstiel, und unter ihr war in weißen Klecksen ihre Verachtung zu lesen.

Als Hulda annähernd ein halbes Jahr alt war, packte Vater sie ein, fuhr drei Stunden weit weg und ließ sie dann fliegen.

Am Morgen darauf saß sie wieder ein bißchen gelangweilt und mit leicht heruntergezogenen Schnabelwinkeln auf ihrem Besenstiel.

Das rührte uns sehr. Doch wir mußten hart bleiben jetzt; sie sollte ja lernen, sich ihre Beute allein zu besorgen. Vier Tage lang strafte sie unsere hartnäckige Weigerung, ihr etwas zu essen zu geben, mit ihren zornig hingeklecksten Ausrufezeichen. In der fünften Nacht warf sie erbittert das Tintenfaß um und flog weg.

Vater hatte ihr einen Aluminiumring der Vogelwarte ums Bein geknipst. Sechs Jahre später bekam er ihn von der Vogelwarte zurück. Die Leute da hatten ihn aus einem Dorf in Schweden erhalten. Dort war der Blitz in eine Kapelle gefahren; unter den verkohlten Meßgewändern und Fahnen, hieß es, habe der Küster auch ein Vogelgerippe gefunden, und das hätte diesen Ring hier getragen.

Aber das aufregendste Wesen, das wir jemals gehalten haben, ist wohl doch Lilith gewesen.

Lilith war eine Kreuzotter. Wir kamen im Spandauer Stadtforst gerade dazu, wie Pilzsucher sie totschlagen wollten.

Vater bugsierte sie in eine Papiertüte, und zu Hause richteten wir ihr unser altes Terrarium ein, hängten eine Heizsonne darüber und setzten Lilith hinein.

Da sie noch ihre Giftzähne hatte, behandelten wir sie mit großem Respekt. Das war nicht immer ganz einfach, denn, um ihr zu fressen zu geben, mußte man ja notgedrungen auch den Terrariendeckel anheben. Doch sie schien behalten zu haben, daß wir ihr das Leben gerettet hatten; sie rührte sich kaum.

Tagsüber lag sie meistens im wärmenden Schein ihrer künstlichen Sonne und züngelte träge; nachts allerdings fing sie an, lebendig zu werden. Pausenlos kroch sie in ihren Schlingpflanzen herum, und wenn man den Atem anhielt, konnte man hören, wie ihr Leib an den Blättern entlangglitt.

Wir hatten nur ein Zimmer und einen Balkon, denn wir wohnten möbliert; und als wir eines Morgens einmal erwachten, da war der Deckel von Liliths Terrarium verrutscht und Lilith war weg.

Sechs Stunden so etwa lagen wir steif wie die Mumien. Vater wußte mit Schlangen ein bißchen Bescheid.

«Das erste», flüsterte er, ohne die Lippen zu bewegen, «was sie in so einem Fall wie unsrem hier tun: Sie suchen die Bettwärme auf.»

Endlich, gegen Mittag, sahen wir sie. Sie kam vom Balkon, wo sie sich ein wenig gesonnt haben mochte. Freundlich züngelnd schob sie sich zwischen unsren Betten hindurch, kroch an dem Tischchen hoch, auf dem das Terrarium stand, stieg mit tänzelndem Kopf über die Kante und glitt dann lächelnd hinein.

Ich war damals erst acht; aber an diesem Tag stiftete mir Vater ein Bier.

Eines Morgens war in der Küche die Wurst angeknabbert.

«Aha», sagte Vater.

Wir liehen uns eine Käfigfalle und legten eine Speckgriebe rein, und schon am nächsten Vormittag hatte sich die Übeltäterin gefangen. Es war die zierlichste Maus, die sich nur vorstellen läßt.

Wir tauften sie Mimi, und da wir gerade das Terrarium freihatten, richteten wir es Mimi mit Sägespänen, einer Zigarrenkiste, mit Milch und einem Brotkanten ein.

In wenigen Wochen hatte sich Mimi zum größten Mäuseriesen aller Zeiten entwickelt; und abermals einige Wochen darauf mußten wir zögernd erkennen: Mimi war keine Maus, sondern eine ausgewachsene Ratte.

Wir hielten ihr aber trotzdem die Treue. Nur wenn Besuch kam, oder wenn Frieda erschien, schämten wir uns Mimis ein wenig, und Vater hing dann immer unauffällig eine Decke oder sein Jackett übers Terrarium.

Sonst, wie gesagt, haben wir aber zu ihr gehalten, und wäre sie nicht eines Nachts mit einem reichlich ordinären Pfiff aus dem Terrarium gesprungen, wir hätten sie bis ins biblischste Alter umsorgt.

«Aber wahrscheinlich», sagte Vater, «ist gerade das der Anlaß gewesen, daß sie sich selbständig machte. In seiner Jugend schon der Altersversorgung sicher zu sein – das kann leicht aufsässig machen.»

Da war Heinrich ja anders.

Heinrich stammte aus dem Oranke-See und ist ein Stichling gewesen. Wir hatten ihn gute anderthalb Jahre, und er war schließlich so zahm, daß man nur an die Aquariumscheibe zu klopfen brauchte, und er kam angeschwommen.

Einmal setzte ihm Vater eine Stichlingsdame dazu, die wir Lukretia tauften. Heinrich war so außer sich vor Freude über Lukretias Besuch, daß er wie wahnsinnig im Bassin hin und her schoß und einen Satz tat und rausprang.

Wir suchten ihn fast eine Dreiviertelstunde im Zimmer.

Endlich fanden wir ihn. Er lag, völlig in Staub eingerollt, in einer Dielenritze und rührte sich nicht.

Vater machte gleich eine Streichholzschachtel leer und polsterte sie mit Watte und wollte Heinrich hineinlegen und ihn beisetzen gehen. Aber ich bestand darauf, ihn, sozusagen probehalber, noch einmal ins Aquarium zu setzen.

Und richtig: Heinrich entwölkte sich, drehte sich von der Rücken- in die Bauchlage um, schnappte zögernd nach Luft, schrieb mit der Schwanzspitze einen eleganten Schnörkel ins Wasser und ließ sich selig neben Lukretia auf den Sandboden sinken.

Aus Dankbarkeit für seine Errettung haben wir den beiden noch am selben Tag die Freiheit wiedergegeben.

Nein, es fiel uns nicht leicht, uns von Heinrich zu trennen. Aber Vater hatte sicherlich recht: Je inniger man sich mit etwas verbunden fühle, behauptete er, desto freudiger müsse man es auch übers Herz bringen, sich von ihm zu trennen.

«Lieben», sagte Vater, «heißt loslassen können; ob es sich dabei um Heinriche handelt oder Lukretien.»

Vera Ferra-Mikura

Schnurrimaunz

Frau Hafner wohnt im Westen der Ortschaft. Sie hat einen schönen Kater, der Schnurri heißt.

Schnurri liegt gern im hohen Gras unter den Obstbäumen, er liegt gern auf der Bank beim Kachelofen und er liegt gern auf einem Stapel frisch gebügelter Wäsche. Frau Hafner erlaubt ihm sogar, sich auf ihrem Bett auszustrecken. Schnurri darf tun, was ihn freut.

Oft bleibt der Kater tagelang fort. Die Milch in der Schüssel wird sauer, die Fleischreste auf dem Teller verderben.

«Dieser undankbare Schnurri», schimpft Frau Hafner vor sich hin, wenn sie wieder einmal vergeblich nach ihm Ausschau gehalten hat. Aber sie ist nicht böse auf ihn, sie macht sich nur Sorgen. Vielleicht hat ihn ein Jäger im Wald erschossen, vielleicht ist er unter ein Auto gekommen, vielleicht hat er an einem Giftköder genascht.

Kommt Schnurri heim, gibt ihm Frau Hafner sofort frische Milch, bürstet sein Fell und wiegt ihn wie ein Kind in den Armen. Und Schnurri läßt sich das gern gefallen.

Frau Knöll wohnt im Osten der Ortschaft. Sie hat einen schönen Kater, der Maunz heißt.

Maunz liegt gern im hohen Gras unter den Obstbäumen, er liegt gern auf der Bank beim Kachelofen und er liegt gern auf einem Stapel frisch gebügelter Wäsche. Frau Knöll erlaubt ihm sogar, sich auf ihrem Bett auszustrecken. Maunz darf tun, was ihn freut.

Oft bleibt der Kater tagelang fort. Die Milch in der Schüssel wird sauer, die Fleischreste auf dem Teller verderben.

«Dieser undankbare Maunz», schimpft Frau Knöll vor sich hin, wenn sie wieder einmal vergeblich nach ihm Ausschau gehalten hat. Aber sie ist nicht böse auf ihn, sie macht sich nur Sorgen. Vielleicht hat ihn ein Jäger im Wald erschossen, vielleicht ist er unter ein Auto gekommen, vielleicht hat er an einem Giftköder genascht.

Kommt Maunz heim, gibt ihm Frau Knöll sofort frische Milch, bürstet sein Fell und wiegt ihn wie ein Kind in den Armen. Und Maunz läßt sich das gern gefallen.

Frau Hafner und Frau Knöll kennen einander nur flüchtig. Ab und zu gibt es eine Begegnung vor der Kirche oder in einem Laden. Dann tauschen die Frauen einen Gruß und jede geht ihrer Wege.

Eines Tages überqueren die beiden Frauen den Hauptplatz. Frau Hafner und Frau Knöll kommen in der Mitte des Platzes zusammen, dort, wo die große Kastanie steht.

Da sieht Frau Hafner ihren Kater am Gemeindeamt vorbeispazieren.

«Schnurri!» ruft sie erfreut. Denn Schnurri ist wieder einmal eine halbe Woche verschwunden gewesen.

Frau Knöll dreht sich um, sieht den Kater und ruft: «Maunz! Gleich gehst du nachhaus zurück!»

«Aber das ist doch mein Schnurri», behauptet Frau Hafner.

«Nein, das ist mein Maunz», behauptet Frau Knöll.

Der Kater bleibt stehen, dann läuft er freudig auf die beiden Frauen zu, reibt sich an den Beinen von Frau Hafner und an den Beinen von Frau Knöll und klettert in bester Stimmung auf die Kastanie.

«Nein, so etwas», sagt Frau Hafner verblüfft. «Jetzt weiß ich, wo der Schnurri immer steckt.»

«Mir geht es genauso», sagt Frau Knöll. «Jetzt weiß ich wenigstens, daß ich mir um den Maunz keine Sorgen machen muß.»

Und seither heißt der Kater Schnurrimaunz.

Eveline Hasler

Der Wortzerstückler

Es war einmal ein Junge, der hatte ein Siebgedächtnis. Das war, ihr werdet es gleich sehen, sehr unangenehm für ihn. Sein Lehrer verlangte nämlich, daß sich die Schüler allerlei merkten, zum Beispiel:
Wieviel Blütenblätter hat das Scharbockskraut?
Wie verläuft die Metamorphose des Maikäfers?
Wann war die Schlacht bei Bibrakte?
Nach welchen Regeln dividiert man Brüche (einfache und gemischte)? usw. usw. usw.
Wenn er sich in der Schule dies alles mühsam in den Kopf stopfte, so rüttelte auf dem Heimweg, mit jedem Schritt, den er tat, der Inhalt seiner Gehirnschublade durcheinander. Manchmal fielen auch Silben und Zahlen aus seinem Siebgedächtnis heraus. Anderntags erzählte er, wenn er vom Lehrer aufgerufen wurde, merkwürdige Dinge. Die Kinder warteten schon gespannt darauf, lauerten förmlich, bis er etwas Dummes sagte. Dann brüllten sie los. Je mehr sie aber lachten, umso ärger wurde es mit seinem Siebgedächtnis.
Eines Tages sagte der Lehrer: «Morgen bekommen wir hohen Besuch; der Herr Ministerpräsident beehrt uns. Jedes Kind soll ein Gedicht auswendig aufsagen können!»
Der Junge wählte sich ein Rätsel aus; das war leicht, lächerlich leicht für sein Alter.

> *Liebe Kinder ratet schnell*
> *es läuft durch Wiesen klar und hell*
> *und hat doch keine Füße?*

Er prägte es sich zu Hause ein und am andern Morgen, auf dem Schulweg, setzte er Schritt vor Schritt, als ginge er über Watte. Trotzdem stieß eine seiner Schuhspitzen an einen Stein. Die Silben seines Rätsels gerieten durch die Erschütterung durcheinander. Es sah jetzt folgendermaßen aus:

Liebe Rinder schnatet lell

es wieft durch Lausen har und klell

und dat hoch feine Küsse?

Der Junge wartete einen Moment mit geschlossenen Augen, daß die aufgewirbelten Wortteilchen sich setzten, da fuhr ein Mädchen auf einem roten Fahrrad daher. «He, schläfst du?» rief es und bremste so scharf, daß das Vorderrad ihn noch streifte.

Zwei Stunden später trug der Junge vor dem Ministerpräsidenten Folgendes vor:

Kieb Rind schnat lell

wief du Laus har kell

dato fein Kuß?

Die Kinder brüllten.

Der Lehrer, der noch sehr jung war, bekam pfirsichrote Wangen. Der Ministerpräsident aber wiegte den Kopf und murmelte: «Sehr interessant. Sehr interessant.» Dann erhob er sich von seinem Lehnstuhl, zog eine Karte mit seiner Adresse hervor, überreichte sie dem Jungen mit den Worten: «Wenn du aus der Schule entlassen wirst, schreibe mir. Ich verschaffe dir eine Stelle als Wortzerstückler.»

«Was ist das, ein Wortzerstückler?» fragte der Junge.

«Das ist ein wichtiger Mann», erklärte der Ministerpräsident. «Dieser wichtige Mann zerstückelt die Wörter, die wichtige Männer bei wichtigen Telefongesprächen sagen. So kommen unsere Geheimnisse nicht ins Ausland.»

Von jetzt an lachten die Kinder nicht mehr, wenn der Junge merkwürdige Dinge sagte. Sie hörten ihm im Gegenteil fast ehrfürchtig zu. Im Geiste sahen sie ihn nämlich schon, wie er die Reden des Herrn Ministerpräsidenten zerstückelte. Die einen sahen ihn mit einer Schere hantieren, andere sahen ihn mit einer Rasierklinge, noch andere mit einer Axt.

Weil die Kinder nun den Jungen für voll nahmen, wurde sein Gedächtnis täglich besser. Nach Wochen gelang es ihm, ein Gedicht fehlerfrei aufzusagen.

«Wie schade!», riefen die Kinder. «Jetzt kannst du nicht mehr Wortzerstückler werden!»

«Ist mir auch schnuppe», sagte der Junge und lachte.

«Wenn man die Wahrheit sagt, braucht man sie nicht zu zerstückeln.»

Beat Brechbühl

Schnüff und die neue Lehrerin

Alles ging so plötzlich, daß sie keine Zeit hatten, um Abschiedsschmerz zu empfinden oder Abschiedsbriefe zu schreiben: Fräulein Huber kam eine halbe Stunde zu spät. Sie war bleich und nervös.
Sie sagte: «Kinder, ich werde euch jetzt gleich verlassen. In meiner Familie ist etwas Schreckliches passiert. Ich muß sofort nach Hause fahren und werde keinen Unterricht mehr geben können. Ich hoffe, daß in einigen Tagen eine neue Lehrerin kommt, und ich bitte euch, dieser Lehrerin zu helfen, damit sie es bei euch genauso gut und interessant findet wie ich. Es tut mir leid, daß alles so unverhofft und unvorbereitet kommt. Der Schulpräsident wird euch benachrichtigen, wann ihr wieder Schule habt.»
Die Kinder waren wie vor den Kopf geschlagen. Auch die, die sonst nicht aufs Maul gefallen waren, drückten Fräulein Huber stumm und verwundert die Hand. Dann packten sie zusammen und gingen aufgeregt nach Hause. Nicht eines der Kinder hatte gefragt: warum, wieso.
Zu Hause wußte man nicht viel mehr, nur daß wirklich etwas Schreckliches in Fräulein Hubers Familie passiert war.
Schon zwei Tage später trat Schulpräsident Kapp mit einem zierlichen Fräulein ins Schulzimmer – eine halbe Stunde zu spät, darum ging alles drunter und drüber.
«Ruhe!» rief er ein bißchen zu schrill, und die Kinder merkten sofort, daß Kapp genauso nervös war wie die neue Lehrerin.
«Ruhe!» rief er nochmals.
Als sich der Lärm endlich gelegt hatte, stellte er sich neben das Lehrerpult, schob das Fräulein vor die Klasse und sagte (er schrie fast):

«Hier, das ist Fräulein Grimm. Sie wird euch von jetzt an Unterricht erteilen. Vielleicht nur für kurze Zeit, vielleicht für immer. Ich erwarte, daß der Schulbetrieb genauso abläuft, wie Fräulein Grimm es will. Wehe, wenn es nicht klappt!»

Dann drückte er Fräulein Grimm die Hand und sagte zu den Kindern: «Auf Wiedersehen!»

Fräulein Grimm hüstelte, dann sagte sie:

«Ich habe mir das Programm meiner Vorgängerin genau angesehen. Ich versuche, dort weiterzufahren, wo sie im Pensum stehengeblieben ist. Ich hoffe, daß ihr mir dabei helft, auch wenn ich einiges anders machen werde als Fräulein ... ehm ... als Fräulein Huber. Zuerst möchte ich euch kennenlernen. Jedes Kind steht jetzt der Reihe nach auf und sagt laut und deutlich seinen Vornamen, den Nachnamen und den Vornamen des Vaters. Es gibt ja ziemlich viele Kapps hier, wie ich gehört habe. Wir fangen gleich an – wie heißt du?»

Erstens hatten die Kinder nun zwei Reden gehört, und zweitens waren sie genauso baff wie vor zwei Tagen, als Fräulein Huber gegangen war. Der Ton der neuen Lehrerin paßte ihnen gar nicht, aber zugleich klang ihnen noch die Drohung von Schulpräsident Kapp in den Ohren: «Wehe, wenn es nicht klappt!»

Unglücklicherweise zeigte die Lehrerin auf Fritz Kapp, von dem die Leute sagten, er habe zumindest eine lange Leitung. Fritz stand auf und stotterte: «Ich bin – ich bin ...», dann verließ ihn der Mut, und er starrte hilflos durch seine dicken Brillengläser.

«Du wirst doch wissen, wie du heißt!» sagte das zierliche Fräulein erstaunt und ziemlich scharf.

«Ich bin – ich –», sagte Fritz.

«Wir haben nicht den ganzen Tag Zeit!»

«Fritz Kapp!» rief Rosa.

«Bitte!» sagte Fräulein Grimm zu Rosa. «Warte, bis du an die Reihe kommst!

Ich habe den Jungen gefragt!»

«Fritz Kapp», sagte Fritz.

«Dein Vater?»

«Adolf.»

«Setz dich. Der nächste!»

«Fred Böhni.»

«Dein Vater?»

«Ich habe keinen Vater. Ich wohne bei Feldmanns», sagte Fred, dann setzte er sich – wie ein Fisch, der zwischen Stuhl und Tisch hinunterrutscht.

«Einen Augenblick. Ihr setzt euch erst, wenn ich ‹setzen› sage.» Sie wippte mit der Hand, was hieß, daß Fred sich nochmals erheben sollte. Fred blieb sitzen.

«Fred, wir wollen das gleich üben!»

«Blödsinn!» sagte Hannes aus der letzten Reihe.

«Was hast du gesagt?» fragte die Lehrerin.

«Nichts!»

«Doch, und ich will, daß du es wiederholst!»

«Blödsinn habe ich gesagt!» sagte Hannes.

Hannes sollte zur Strafe in den Korridor. Hannes blieb sitzen wie ein Betonblock und starrte vor sich aufs Pult. Hannes machte keine Bewegung, auch nicht, als das Fräulein ihn an der Schulter schubste und mit dem Schulpräsidenten drohte.

Der Einstand von Fräulein Grimm hätte nicht ungeschickter sein können. Natürlich wußten die Schüler am nächsten Tag, daß sie sich am Abend bei Kapp beschwert hatte und Hannes' Eltern sprechen wollte.

Der zweite Tag verlief nicht viel besser; die Schüler richteten sich ein wie für eine Belagerung.

Als Fräulein Grimm sagte: «Mit euch Leuten vom Land komme ich schon noch zurecht!», war der Krieg erklärt. Fehlte nur, daß sie den Rohrstock, den Fräulein Hubers Vorgängerin benutzt hatte, wieder hervorholte. Immerhin waren Hannes, Ernst, Rosa und Hans Silbermann fast so groß wie sie.

Am vierten Morgen trat neuerdings Kapp mit Fräulein Grimm ins Schulzimmer.

«Wer von euch benimmt sich hier nicht anständig?!» donnerte er.

Stille. Man hätte eine Maus über den Fußboden laufen hören können.

«Wer – habe ich gefragt – macht hier Stunk?!»

Nichts. Kein Ton. Alle saßen da und starrten wie Tonfiguren auf die Pultdeckel.

«Ich werde euch Beine machen!» rief Kapp. «Gut, daß von meinen Gören keiner mehr in dieser Schule ist!»

Nichts. Kein Ton. Totaler Streik. Kapp wußte sich nicht mehr zu helfen und sagte:

«Sagen Sie mir wenigstens, Fräulein Grimm, wer hier die Querköpfe sind. So etwas habe ich noch nie erlebt!»

«Lassen wir das. Ich werde mit diesen Kartonköpfen schon zu Rande kommen!»

Das war auch für Kapp ziemlich stark. Betroffen sah er Fräulein Grimm an und sagte:

«Ich glaube, ‹Kartonköpfe› ist nicht gerade der richtige Ausdruck. So kommen Sie wirklich nicht weiter.»

Dann wandte er sich besänftigend an die Kinder: «Wir müssen alle froh sein, daß Fräulein Grimm so rasch einspringen konnte. Sie kommt aus der Stadt, und dort wird vieles anders gemacht als hier. Das ist kein Grund, den Unterricht zu stören. Versucht, miteinander auszukommen!» Dann wurde sein Ton wieder härter, und zu Fräulein Grimm sagte er: «Das gilt genauso für Sie!»

Fräulein Grimm zuckte mit den Achseln, und Schulpräsident Kapp verließ das Schulzimmer.

Die Lehrerin sagte: «Ich habe eure Zeugnisse angeschaut und den Stundenplan geprüft. Die Zeugnisse sind schlechter, als sie sein dürften. Ich werde der Schulkommission vorschlagen, daß wir von nun an pro Woche zwei

Stunden weniger turnen und dafür je eine Stunde mehr rechnen und schreiben.»

Kein Ton von den Kindern; sie taten genau, was die Lehrerin verlangte. Sie arbeiteten wie mechanische Blechtierchen, und am Nachmittag ging es so weiter.

Nach der Schule steckten Schnüff, Ernst, Paul und Hannes die Köpfe zusammen, und bald hing fast die ganze Schülerschar wie eine Traube um die Verschwörer.

«Die erlebt was ... also morgen ...»

Alle rannten nach Hause. Schulaufgaben wurden an diesem Nachmittag keine gemacht. Dafür zog eine Schar zum Lebensmittelladen von Frau Kraft und verschwand nach einer Weile dort im Abstellraum.

Als Fräulein Grimm am nächsten Morgen ins Schulzimmer kam, traf sie fast der Schlag: Die Erstkläßler und einige Knirpse aus der zweiten Klasse harrten wie eine verschüchterte Hühnerschar der Dinge, die da kommen sollten.

«Was ist hier los? Wo sind die andern?!» fragte die Lehrerin.

«Die sind – ehm – die sind – wir dürfen nicht sagen, wo die sind ...»

Das war auch nicht nötig: Draußen im Korridor hörte man ein Getrampel wie von einer nahenden Büffelherde. Die Tür flog auf, und hinein stürmten (Fräulein Grimm traf beinah der zweite Schlag) die Kinder; alle hatten ihre Köpfe in verschieden große, grell bemalte Kartonschachteln gesteckt. Henkelohren baumelten, Rotznasen stachen in die Luft. Von den Gesichtern der Kinder sah man nur die Augen, die durch zwei kleine Löcher guckten. Die aufgemalten, grinsenden, wütenden Münder blieben starr.

Die Horde rannte lärmend einige Male um die Stühle und Tische herum und rief: «Die Kartonköpfe kommen! Die Kartonköpfe kommen! Die Kartonköpfe, die sind da! Tra-la-la! Die Kartonköpfe, die sind da! Tra-la-la!»

Dann, auf einen Pfiff – der mit ziemlicher Sicherheit von Rosa kam –, rasselten alle zu den Stühlen, setzten sich, und es war mucksmäuschenstill. Nur die

Kartonköpfe wackelten hin und her. Fräulein Grimm setzte sich. Ein Maskenwald aus Seifen- und Konservenkartons – das war auch für sie zuviel!

Aber sie brüllte nicht. Ihre Stimme begann nicht zu keifen. Als sie sich ein wenig erholt hatte, mußte sie – *lachen!* Siehe da: Fräulein Grimm konnte *lachen!* Unter den Kartonschachteln begann ein Kichern und Pfupfen.
«Nun – ihr habt gewonnen», sagte Fräulein Grimm zu den Pappschachteln. «Ich vermute, ihr seid doch nicht das, was ich gesagt habe. Doch nun nehmt mal eure Masken ab.»
«Nein!» tönte es dumpf aus einigen Schachteln.
«Bitte! Was heißt da ‹nein›?»
«Wir wollen unsere Turnstunden zurück...» Die Stimme klang zwar undeutlich, aber Ernst konnte sich nicht so gut verstellen.
«Die Noten waren für uns gut genug!»
«Lernen wollen wir, aber nicht wie die Ochsen...»
«Ich möchte mehr Geografie...» das war Schnüff.
Von da an ging alles durcheinander: «Ich will weniger Religion; ich will mehr Aufsätze; wir wollen keine Prüfungen mehr; ich hätte lieber drei Naturkundestunden; nein, besser mehr Geschichte...» Und so weiter!
In dem allgemeinen Geschnatter kamen einige echte Köpfe zum Vorschein, und als Fräulein Grimm sagte:
«Halt, einer nach dem anderen, ich verstehe kein Wort –», legten die letzten ihre Masken auf die Pulte, und –

– man sagt: ‹Von dieser Stunde an war der Unterricht bei Fräulein Grimm gar nicht so übel...›

Kurt Wölfflin

Miki spielt ihrem Paps einen Streich und bringt ihn in arge Verlegenheit

Miki spazierte mit Paps durch die Julistraße. Paps hatte seinen Zylinderhut daheim gelassen und Miki ihren Strohhut. Dafür führte sie Spinat an der Leine, der vergnügt hierhin und dahin sprang und an jedem Laternenpfahl schnupperte. Die Sonne schien warm, aber auf der Straße zeigten sich wenig Leute. Es war ja Mittagszeit. Selbst die Spatzen saßen schläfrig in den Kastanienbäumen und tschilpten nur ein bißchen.

«Aber wir sind gar nicht müde! Was, Paps?» strahlte Miki und hopste im Wechselschritt hinter Spinat her.

«Neihhhn!» sagte Paps und gähnte verstohlen.

«Was war denn das für ein spannender Kriminalbericht, den du daheim in der Zeitung gelesen hast?» fiel Miki plötzlich ein.

«Ach, da stand etwas von einem gerissenen Warenhausdieb, der die Geschäfte unserer Stadt unsicher macht», sagte Paps. «Das ist nichts für dich!»

«Aber interessant ist es trotzdem! Ein richtiger Warenhausdieb? So einen möchte ich einmal sehen. Woran kann man die denn erkennen?»

«Der in der Zeitung hat eine lange, spitze Nase.»

«Hat er auch lange Finger?»

«Davon stand nichts drin.»

«Aber ich habe einmal gelesen, daß alle Diebe lange Finger haben», behauptete Miki hartnäckig.

«Wenn du das gelesen hast, dann muß es ja stimmen», sagte Paps. Er gähnte wieder und dachte an seinen Lehnstuhl daheim im Wohnzimmer.

«Paps», begann Miki wieder, «ich kann mir nicht vorstellen, daß du wirklich

einmal an fremden Türen geklingelt hast und dann davongelaufen bist.»
Sie standen gerade vor der Apotheke zum «Goldenen Löwen», und Spinat hatte vor dem Schaufenster ganz aufregende Gerüche entdeckt, von denen er sich nicht trennen konnte.
«Wieso davongelaufen?» sagte Paps. «Ich bin doch nicht davongelaufen. Ich habe immer gewartet, bis jemand gekommen ist.»
«Und dann?» fragte Miki interessiert.
«Dann habe ich gefragt, ob hier ein Herr Maier wohnt.»
«Wenn aber wirklich ein Herr Maier dort gewohnt hat?»
«Dann habe ich gefragt, ob das der ist mit Doppel-Ypsilon.»
«Das möchte ich einmal sehen!» sagte Miki begeistert, und ehe Paps irgend etwas sagen konnte, hatte Miki kräftig auf die Klingel der Apotheke gedrückt.
«Ich warte vorn an der Ecke!» rief sie Paps zu und sauste mit Spinat davon.
Paps stand wie vom Blitz getroffen und schaute Miki fassungslos nach. Da öffnete sich schon das Fenster neben der Apothekentür.
«Haben Sie geläutet?» sagte eine herrische Stimme. «Sie wissen doch, daß jetzt Mittagssperre ist und nur in ganz dringenden Fällen...»
Paps stand immer noch wie versteinert und brachte kein Wort heraus.
«Wenn es wirklich dringend ist», brummte der Apotheker. «Ich komme!»
Gleich darauf öffnete sich die Tür. «Kommen Sie herein!»
Als Paps immer noch keine Anstalten machte einzutreten und auch keinen Ton von sich gab, trat der Apotheker auf die Straße und sah gerade noch Miki in einem Saus um die Ecke biegen. «Dieses Lausemädel!» rief er erbost. «Und ich dachte, Sie hätten geläutet. Ja, ja, die heutige Jugend!»
In diesem Augenblick tauchte auch noch ein Polizist an der anderen Straßenecke auf.
Das war zuviel für Paps. Er murmelte etwas Unverständliches und sauste wie ein D-Zug hinter Miki her.
«Hallo! Was gibt's da?» rief der Polizist und begann auch zu laufen.

«Da hat so ein Lausemädel bei meinem Laden geklingelt, und der Herr läuft freundlicherweise nach und will sie verprügeln!»

«Aha!» sagte der Polizist. «Das werden wir gleich haben!» Und er sauste hinter Paps her, während der Apotheker brummend in seinen Laden ging.

«Renn!» rief Paps, als er atemlos an die Ecke kam. «Die Polizei ist hinter uns her! Treffpunkt Stadtpark!»

Miki sah Paps erschrocken an, dann rannte sie mit Spinat los. Paps taumelte noch um die Ecke, verschnaufte einen Augenblick und sauste weiter.

«He, warten Sie!» rief ihm der Polizist nach. «Machen Sie sich nicht soviel Mühe. Ich erwische den Bengel schon!»

«Denkste!» murmelte Paps und sauste weiter.

Als Miki in einer Seitenstraße verschwunden war, blieb Paps stehen und ließ den Polizisten herankommen. «Meine Beine!» stöhnte er. «Man wird eben alt!»

«Wo ist sie denn jetzt hin?» schnaufte der Polizist atemlos.

«Ja, wo ist sie jetzt hin?» sagte Paps. «Ich glaube, sie ist hier hinüber! Aber wollen Sie sich nicht ein wenig ausrasten?»

«Nein, ich bin im Dienst!» keuchte der Polizist. «Danke!» Er rannte in die Richtung, die ihm Paps gezeigt hatte.

Paps wartete, bis der Wachtmeister außer Sicht war, dann schlenderte er gemütlich in die andere Richtung – zum Stadtpark.

Gleich hinter dem Eingang saß Miki auf einer Bank und baumelte mit den Beinen. Spinat lag zu ihren Füßen. Beide ließen den Kopf hängen und sahen sehr traurig aus.

«Paps!» rief Miki, als sie ihn plötzlich auftauchen sah. «Was ist?»

«Keine Sorge!» beruhigte sie Paps. «Ich habe den Polizisten auf die falsche Fährte gebracht. Der kann lange suchen!»

Miki senkte den Kopf. «Bist du mir sehr böse?» fragte sie zerknirscht.

Paps runzelte die Stirn. «Erst schon», sagte er, «aber jetzt nicht mehr. Wegen dem bißchen Läuten!»

«Wirst du es Mami erzählen?»
«Vielleicht später einmal. Aber jetzt wollen wir die Sache vergessen und spazierengehen. Schau, wie schön die Rosen blühen und wie herrlich grün das Gras wächst. Heute soll doch ein schöner Tag für uns werden!»
«Das ist wahr», sagte Miki froh und hängte sich bei Paps ein.
«Wuff!» sagte Spinat, sprang auf und wedelte vergnügt mit dem grünen Zottelschwänzchen.
Plötzlich entdeckte Miki etwas. «Du, Paps!» flüsterte sie. «Ist das derselbe, der uns verfolgt hat?» Sie zeigte zum Gartentor. Da keuchte ein Polizist herein. Paps erkannte ihn sofort. Es war derselbe!
«Jetzt wird's ernst!» sagte Paps. «Jetzt müssen wir zwei wohl Farbe bekennen und dem Herrn Wachtmeister alles sagen!»
«Paps!» sagte Miki weinerlich. «Bitte, Paps, fällt dir denn gar nichts mehr ein?» Sie blickte Paps so flehend an, daß sein Herz weich wurde.
«Ich will's versuchen», sagte er. «Aber halte dich ja still!» Er packte Miki um die Mitte und hob sie in eine der großen steinernen Vasen, die als Verzierung auf der niederen Gartenmauer standen. Miki hatte gerade Platz darin. Nur ihr Schopf ragte ein wenig heraus, aber der sah wie ein dürres Grasbüschel aus.
Eben kam der Wachtmeister daher. «Sie sind auch da?» sagte er und sah Paps mißtrauisch an. «Mir war doch, als hätte ich hier das Mädchen mit dem Hund gesehen.»
«So?» sagte Paps überrascht. «Ich habe hier kein fremdes Mädchen gesehen!»
Der Polizist blickte sich forschend um. Blitzartig fiel Paps Spinat ein. «Jetzt habe ich doch den Hund vergessen!» dachte er. «Wenn der uns verrät!» Er blickte sich unauffällig nach Spinat um, konnte aber keine Spur von ihm entdecken. Plötzlich sah er ein Stück der roten Leine im Gras liegen, und tatsächlich – dort, wo sie in den Halmen verschwand, blinzelten zwei schwarze Äuglein. Sonst war rein gar nichts von ihm zu sehen. Seine Farbe machte Spinat im Gras unsichtbar.

Aber dem Polizisten war auch etwas aufgefallen. «Was liegt denn da in der Wiese?» fragte er und bückte sich.

«Vorsicht!» rief Paps. «Vielleicht ist es eine Schlange!»

«Was, Schlange? Hier gibt es doch keine...»

In diesem Augenblick bewegte sich das rote Dünne und schlängelte sich zwischen den Gräsern davon. Der Polizist prallte zurück. «Da muß ich doch sofort den Parkwächter verständigen!» sagte er erschrocken. «Es scheint etwas Exotisches zu sein!»

Im selben Augenblick ertönte aus der Vase hinter Paps leises Kichern.

«Verflixt!» dachte Paps erschocken. «Diese Miki!»

Auch der Polizist hatte das Kichern gehört. «Wer hat denn da gelacht?» fragte er streng und blickte sich um. Aber es war niemand da außer Paps.

«Sie werden doch nicht glauben, daß ich...» sagte Paps.

«Das nicht! Aber es kam aus Ihrer Richtung!»

Paps wagte einen verstohlenen Blick zur Vase. «Gut, daß Mikis Schopf wie vertrockneter Schnittlauch aussieht», dachte er. Dann zeigte er auf die Tauben, die ein paar Schritte von ihnen entfernt auf dem Boden umherliefen und Brotkrumen und Steinchen aufpickten.

«Kennen Sie diese Tauben, Herr Inspektor?» fragte er höflich.

«Nein, warum?»

«Das sind nämlich Lachtauben!»

«Möglich», sagte der Polizist. «Und?»

«Vielleicht haben die gekichert», sagte Paps ernst.

Der Polizist sah Paps scharf an. Dann murmelte er: «Ja, ja, gewiß.» Er nahm seine Kappe ab und wischte sich den Schweiß von der Stirn. Dann setzte er die Kappe mit einem Ruck wieder auf. «Ich muß weiter!» sagte er, warf noch einen langen Blick auf Paps und ging mit großen Schritten davon.

«Das hätten wir geschafft!» sagte Paps erleichtert, als der Polizist außer Sicht war. Er zog Miki aus der Vase und stellte sie auf den Boden. Sie hatte Tränen in den Augen und stöhnte: «Wenn das noch länger gedauert hätte, wäre ich gewiß erstickt vor Lachen!» Dann fiel sie Paps um den Hals – hier mitten im Park – und sagte: «Du bist doch der liebste, goldigste Paps auf der ganzen Welt!»

«Schon gut», wehrte Paps ab. Er klopfte ihr den Staub vom Kleid. «Wo ist denn Spinat?»

«Schau einmal zu den Rosen hinüber!» sagte Miki. «Siehst du den grünen Fleck dort?» Sie steckte zwei Finger in den Mund und stieß einen Pfiff aus. Sofort kam Leben in den grünen Fleck, Spinat kam über den Rasen dahergesaust und zog die rote Leine hinter sich her.

«Du hast es auch gut gemacht!» lobte Miki. «Und jetzt weißt du, was für ein Halsband du hast: ein exotisches!»

Jürg Schatzmann

John Klings erste Pfeife

Wenn ich nur zaubern könnte, denkt Fritz, und stochert mit der Gabel im Rosenkohl herum, wenn ich den Teller einfach leerzaubern könnte! Rosenkohl haßt er wie die Pest, es wird ihm schon übel, wenn er nur daran denkt. Der Bruder sagt: «Fritz, ich würde endlich essen. Der Rosenkohl wird ja kalt!»

«Du dummer Affe», fährt Fritz auf, «du würgst dich ja selbst zu Tode an dem Zeug!» Er versetzt ihm einen Tritt gegen das Schienbein. In diesem Moment läutet das Telefon. Seufzend erhebt sich der Vater und murmelt etwas vom Mittagessen, das man ihm nicht gönnen möge.

«Fritz, für dich!» ruft er mit einem gereizten Unterton. Fritz handelt blitzartig. Er schiebt sich eine Riesenportion Rosenkohl in den Mund, steht auf und rennt hinaus in die Diele. Er breitet sein Taschentuch neben dem Telefon aus und läßt den Mundinhalt hineinfallen. Dann meldet er sich. Es ist Bruno, sein Freund, der sich nach Fritzens Plänen für den Nachmittag erkundigt.

«Wie wärs mit dem Uetliberg?» schlägt Fritz vor, «da oben waren wir doch schon lange nicht mehr.» Bruno ist einverstanden und verspricht, um halb zwei beim Häschenbrunnen zu sein.

Fritz ruft in die Stube: «Ich muß noch schnell aufs WC», macht aus dem Taschentuch ein Beutelchen und verschwindet damit in der Toilette.

Niemand hat anscheinend etwas gemerkt, und er ist echt stolz auf seinen Trick. Der Bruder allerdings hat ein verdächtiges Glitzern in den Augen, aber er schweigt. Entweder bewundert er Fritz oder hat Angst vor einem zweiten Tritt.

Punkt halb zwei ist Fritz am Häschenbrunnen, der so heißt, weil sich über

der Brunnenröhre zwei Steinhasen die Pfote geben. Bruno versucht, durch Zudrücken der Öffnung mit dem Daumen, den Wasserstrahl so zu verlängern, daß er einen Pudel trifft, der gerade sein Geschäft verrichtet. Seine Bemühungen enden damit, daß er selbst völlig durchnäßt ist und der Hund trockenen Fußes weiterspaziert.
«Du bist die totale Flasche», begrüßt Fritz seinen Spezi, «nehmen wir das Tram?» Bruno ist ganz dafür, von wegen Kräfteschonung. Auf dem Weg zur Haltestelle sagt er mit betonter Gleichgültigkeit: «Ich habe übrigens etwas zum Zeit vertreiben dabei.»
Fritz bleibt stehen: «Was denn?»
Bruno greift in seine Tasche. «Braucht ja niemand zu sehen», flüstert er und bringt zwei Tabakpfeifen zum Vorschein, dazu ein blaues Päckchen mit der Aufschrift ‹Amsterdamer Tabak›. Fritz ist beeindruckt.
«Wo hast denn die her?» fragt er, nun auch im Flüsterton.
«Dem Vater geklaut, besser gesagt ausgeliehen. Der hat soviel davon, daß er's gar nicht merkt.»
Pfeifen und Tabak verschwinden wieder in der Jacke. «Nach Bezwingung des Gipfels schmaucht der Bergfreund ein Pfeifchen», erklärt Bruno feierlich.

Der Aufstieg auf dem steilen Weg ist beschwerlich.
«Das nächste Mal nehme ich das Bähnchen», keucht Bruno, «ich will doch nicht an irgendeinem blöden Herzschlag umkommen. Wer hat eigentlich diese saudumme Idee gehabt? Ich jedenfalls nicht!»
Fritz ist zu erschöpft, um sich zu rechtfertigen. Am liebsten würde er sich ins Moos legen und fünf Stunden schlafen – mindestens. Endlich lichten sich die Bäume, der Aussichtsturm wird sichtbar. Sie sind oben.
Ein tiefblauer Himmel spannt sich über die Gegend. Tief unten breitet sich die Stadt aus. Im Osten sieht man bis in die Schneeberge. Es herrscht ein munteres Treiben. Mütter mit Kinderwagen, Rentner, Amerikaner in interessanter Freizeitkleidung und Turnschuhen, Wandervögel mit Kletterhosen

und handgestrickten Kniestrümpfen, Hundefreunde, sogar ein Liebespaar kann man bewundern.

Bruno und Fritz stehen auf der Aussichtsplattform und versuchen, sich gegenseitig im Erkennen städtischer Sehenswürdigkeiten zu übertrumpfen. Fritz weiß einfach alles, was Bruno mit der Zeit auf die Nerven geht, und als Fritz gar noch den Schlachthof ausmacht, den er wahrscheinlich gar nicht sieht, was Bruno aber nicht beweisen kann, wird es ihm zu bunt.

«Ich besteige jetzt den Turm», sagt er, «da sieht man scheints noch etwa hundert Kilometer weiter.» Er weiß, daß Fritz nicht schwindelfrei ist. Er hat einen echten Trumpf ausgespielt. Fritz wird bleich und wirft einen ängstlichen Blick in die Höhe.

«Ich habe einen Wahnsinnsdurst», klagt er, «wollen wir nicht in die Beiz?»

Da Bruno das Erbleichen seines Freundes und damit das sichere Zeichen von Angst festgestellt, also Genugtuung erfahren hat, willigt er ein.

Fritz fallen plötzlich die Pfeifen ein. «Die ... die Geräte deines Vaters dürfen wir nicht vergessen.» Bruno klopfte sich auf die Taschen. «Der Bergfreund benutzt diese Geräte, nachdem er seinen Hunger und Durst gestillt hat.»

Auf der Terrasse des Bergrestaurants bestellen sie Apfelsaft und Semmeln und räkeln sich wohlig in der Frühlingssonne. Irgendeinmal denkt Bruno an die unerledigten Hausaufgaben und erhebt sich seufzend: «Die schönen Tage in Aranjuez sind nun zu Ende.» Dies sagt sein Vater immer, wenn man irgendwo aufbrechen muß.

Der Wald verschluckt sie wieder. Angenehm kühl ist es jetzt. Sie sind die einzigen auf dem steilen Knüppelweg.

«Gib mir mal eine Pfeife», drängt Fritz, «wir wollen doch endlich eins schmauchen.»

Die Pfeifen riechen nach kaltem Tabak. Wenn man an ihnen zieht, verspürt man einen bitterscharfen Geschmack auf der Zunge. Fritz nimmt den Pfeifenkopf in die Faust, so daß das Pfeifenrohr von ihm wegzeigt.

«Halt!» schreit er, «stehenbleiben oder ich schieße!»

Sofort hält auch Bruno eine Pistole in der Hand. «Ich bin John Kling, der berühmteste aller Meisterdetektive, und du bist Jones Burte, sein Freund», verkündet er mit blitzenden Augen, «wir jagen den gefährlichen Geheimagenten X 15. Päng!»

«Halt, nicht schießen, Kling, das verrät uns. Wir müssen ihn in eine Falle locken!»

Bruno nickt. Das stimmt. Sein Vorbild, das sich in Form unzähliger Hefte im hintersten Winkel seines Schrankes befindet, hätte jetzt nicht geschossen. «Burte, das war die Aufregung. Kann jedem mal passieren, nicht.»

«Mein lieber Kling, ich schlage vor, daß wir uns erst einmal auf diesen Baumstamm setzen und das Problem bei einer Pfeife bereden. Er kann uns ja nicht entkommen. Ich bin in Funkverbindung mit Scotland Yard.»

«Du hast recht, alter Knabe. Laß uns das tun.»

Meister Kling holt den Tabak hervor, Streichhölzer und einen Pfeifenstopfer, der Burte einen bewundernden Pfiff entlockt. Schweigend stopfen sie ihre Pfeifen, fast erdrückt von der Verantwortung, die auf ihnen lastet.

«Gut stopfen, mein lieber Burte», knurrt John Kling,» das ist das A und O des Pfeifenrauchens.»

Auch Detektive haben das Rauchen irgendwann lernen müssen, denkt Fritz, und zieht verzweifelt an seiner Pfeife.

«Nun, mein lieber Burte, ich habe bereits einen Plan.»

«Laß hören, alter Knabe.»

«Ich locke ihn auf die Lichtung dort. Du gibst mir Rückendeckung. Wenn ich hinter jenem Baum stehe, mache ich den Käuzchenpfiff und du gibst einen Schuß ab, so daß er abgelenkt wird. In diesem Moment überwältige ich ihn.»

Ein überzeugender Plan. Burte hat nichts einzuwenden. Dichte Rauchschwaden steigen in die Baumkronen empor.

Da – war da nicht ein Geräusch? Fritz fällt die Pfeife aus dem Mund.

«Was war das?» flüstert er.

«Wahrscheinlich ein Vogel», flüstert Bruno zurück.

Wieder das Geräusch, ein deutliches Knacken.

Die beiden sitzen wie gelähmt und starren sich wortlos an, umklammern ihre Pfeifen.

Gleich werden wir überfallen, denkt Fritz, und das Herz schlägt ihm bis zum Hals. Hinter jedem der drohend schwarzen Bäume sieht er einen Angreifer.

Dann knackt es ein drittes Mal.

Das wirkt wie ein Schuß.

Die beiden springen auf und jagen in langen Sprüngen den Berg hinunter, ohne auf den Weg zu achten, über Wurzeln und Steine, durch Unterholz und dorniges Gestrüpp. Sie sehen sich nicht um, sie dürfen keine Zeit verlieren jetzt, da der Angreifer ihnen dicht auf den Fersen ist.

Zweige schlagen ihnen ins Gesicht, steile Stellen werden auf dem Hosenboden bewältigt. Trotzdem zieht Fritz immer wieder an der Pfeife. Er weiß nämlich nicht wohin damit. Auslöschen kann er sie sowieso nicht bei diesem Tempo.

Erst als der Wald sich lichtet, verlangsamen sie ihre Schritte. Stehenzubleiben wagen sie nicht, sich umzudrehen erst recht nicht. Keuchend gehen sie nebeneinander her und schwitzen mehr als beim Aufstieg. Die Gefahr scheint allerdings abgewendet, und jetzt ist ihnen die ganze Sache etwas peinlich.

«Ein Reh wars bestimmt nicht», sagt Bruno.

«In diesem Wald gibts gar keine Rehe», bekräftigt Fritz, «es war ohne Zweifel eine echt gefährliche Situation. Ich habe seinen Atem im Nacken verspürt!»

Erschöpft sitzen sie etwas später in der Straßenbahn. Immer mehr Leute steigen ein und vertreiben sie von ihren Plätzen. Beim See wird es Fritz plötzlich schwindlig, dazu verspürt er ein komisches Gefühl im Magen, und ehe er sichs versieht, erbricht er einer älteren Dame über das geblümte Kleid.

«Notbremse!» schreit jemand. «Der Kleine muß an die frische Luft!»

Die Frau sagt «aber, aber» und wühlt in ihrer Tasche nach einem Taschentuch. Fritz steht stumm daneben und glotzt auf die stinkende Bescherung. Der Schaffner zwängt sich durch die Leute. Fritz hört etwas von verdammter Schweinerei.

«Ich muß deinen Namen und deine Adresse notieren», sagt der Schaffner in unfreundlichem Ton, «denn an der Endstation muß der Wagen abgehängt werden und kommt ins Depot zur Reinigung. Das kostet deinen Vater eine rechte Buße.»

Unter den teils ärgerlichen, teils mitleidigen Blicken der Fahrgäste schiebt er Fritz an die hintere Tür, die offen und nur mit einer Querstange gesichert ist.

«Wenns nochmals kommt, gehts wenigstens auf die Straße», brummt er.

Bruno tut, als gehe ihn die ganze Angelegenheit nichts an, als kenne er diesen Fritz Luginbühl überhaupt nicht. Dieser klammert sich an die Stange. Viel kann mir jetzt nicht mehr passieren, denkt er und atmet tief die warme Frühlingsluft ein.

Wie sie aussteigen, wünscht ihm der Schaffner teilnahmsvoll gute Besserung, sein Zorn ist in Mitleid umgeschlagen.

«Wenn die Leute gewußt hätten, weswegen du gekotzt hast, hätten sie dich verprügelt», sagt Bruno. Fritz überhört diese Bemerkung; er ist damit beschäftigt, sich eine Ausrede für die Eltern auszudenken. Denn sagen muß er es, wegen der Buße.

«Ich muß sofort ins Bett», erklärt er zu Hause, «ich habe nämlich eine Lebensmittelvergiftung von einer schlechten Semmel. Deshalb mußte ich im Tram erbrechen, und jetzt müssen sie den Wagen abhängen, und das gibt scheints eine Buße, und dem Bruno ist auch ganz übel.»

Mit einer Leidensmiene, die gar nicht seinem tatsächlichen Befinden entspricht, verdrückt er sich ins Schlafzimmer und kriecht ins Bett. Er wagt nicht zu lesen, er muß jetzt den Kranken spielen.

Nach einiger Zeit öffnet sich die Tür, und der Vater tritt herein. Er pflanzt

sich vor dem Bett auf und räuspert sich. «Das muß aber eine wahnsinnig schlechte Semmel gewesen sein. Das müßte man eigentlich der Lebensmittelpolizei melden. Was meinst du?» Fritz wird es ungemütlich. Was führt der Vater im Schild? «So schlimm war es auch wieder nicht», sagt Fritz.
«Dieser Meinung bin ich eben auch.» Vaters Stimme hat nicht ganz den Ernst, der der Situation angemessen wäre. «Laß dir eines gesagt sein: Wenn einer geraucht hat, kann man das noch eine ganze Ewigkeit lang riechen.» Damit verläßt er das Zimmer und läßt einen Sohn zurück, der nicht weiß, ob er sich schämen soll oder erleichtert sein kann. Der Schlaf nimmt ihm schließlich diese Entscheidung ab.

Hansjörg Martin

Kauderwelsch mit kleinem Knall

Als alle Spiele gespielt waren: Räuber und Schutzmann, Mensch ärgere dich nicht, Tischtennis, Autorennen, Monopoli ... und noch andere – da fiel Kulle etwas ganz Neues ein.

«Wir wollen mal Ausländer spielen», sagte er und erklärte seiner Schwester Ilse und seinem Freund Klaus, wie er sich das dachte. Sie sollten alle drei Sonnenbrillen aufsetzen, mit dem Bus zum Bahnhof fahren und dort in der großen Halle auf und ab spazieren und sich in einer fremden Sprache unterhalten.

Ilse kapierte sofort, aber Klaus meinte: «Ich kann ja bloß 'n bißchen Englisch, Kulle! Sechs Lektionen. Wir haben doch erst seit drei Monaten...»

«Englisch», sagte Kulle und tippte sich an die Stirn. «Bei Englisch lachen die Hühner, Klaus! Wir müssen Mesopotikanisch oder Suahelinesisch oder Peruarmenisch reden, verstehst du?»

«Nee», sagte Klaus.

«Paß auf», sagte Ilse und legte los: «Göbinter rawa elzopin gurudei?» – und Kulle antwortete: «Sinoptilo enka permilo essi!»

«Ich versteh das nicht», sagte Klaus ratlos, «was heißt das?»

«Gar nichts, du Schaf», lachte Ilse, «das ist doch bloß...»

«Ach so», jetzt schaltete Klaus endlich: «Horriballi anjuckto!» antwortete er lachend.

«Prima!» sagten Kulle und Ilse im Chor – und dann redeten sie alle laut und lachend durcheinander: «Hostelanetz punkimbu!» – «Hitsch osser donn bakkereis!» – «Bambulumente ös bei kiwula!» und so weiter.

Es wurde ein großer Spaß. Zuerst trauten sie sich nicht so recht, aber als

Kulle im Bus den herrlichen Satz: «Hörrerörepötösülü akkum üs trankom!» rief und damit erreichte, daß zwei ältere Damen ihn mit offenem Mund anstarrten – da gab es auch bei Ilse und Klaus kein Halten mehr, und sie quakten, quatschten, quiekten und quasselten in den höchsten Tönen. Dabei machten sie sehr ernste Gesichter, so schwer das auch war, denn alle Leute guckten sie verblüfft an.

In der Bahnhofshalle klappte es noch besser. Etliche Menschen blieben stehen, setzten die Koffer ab und sahen den Kindern kopfschüttelnd oder neugierig nach. Und als schließlich ein älterer Herr, der eine Weile neben ihnen hergelaufen war, sagte: «Ihr seid wohl aus der Türkei?» da wollten sich die drei vor Vergnügen ausschütten. Aber plötzlich erklang hinter ihnen eine energische Stimme: «Nein, mein Herr, die drei sind nicht aus der Türkei, sondern ganz einfach aus Blankenese – und sie können nicht einmal richtig Englisch!» Gleichzeitig fühlten sich Kulle und Ilse von fester Hand am Arm gefaßt und erkannten erschrocken ihren Vater.

Seine Miene war finster, als er sie aus der Bahnhofshalle hinaus zu seinem Wagen führte. «Himoschapp kemm si putt eila!» sagte er, während sie einstiegen. Als sie ihn überrascht anschauten, fuhr er fort: «Das heißt: ‹Ihr seid mir vielleicht eine Bande!›» Und dann lachte er so unbändig, daß er beim Anfahren beinahe mit einem Bus zusammengestoßen wäre.

Ursula Wölfel

Die fürchterliche Alma und der großartige Tim

Sie hatten Glück an diesem ersten Tag. Als sie aus dem Wald kamen, trafen sie einen Bauern auf der Wiese. Der Vater wünschte ihm einen guten Tag und fragte ihn, ob es hier in der Nähe wohl Schuhe zu flicken gäbe? – O ja, meinte der Mann. Sie sollten doch dort drüben zu dem großen Hof gehen und seine Frau fragen.

Das taten sie. Die Bäuerin freute sich sehr, daß ein Schuster zu ihr kam. Gleich holte sie alle zerrissenen Schuhe herbei. Der Vater packte sein Handwerkszeug aus.

Es gab auch ein Kind auf dem Hof, ein kleines Mädchen. Das hieß Gisela. Sie war genauso alt wie Tim. Sie freute sich, daß Besuch gekommen war. Über Tim staunte sie sehr, weil er schon auf die Wanderschaft gehen durfte.

«Ooch», sagte Tim, «mir macht das gar nichts aus. Ich heiße doch Tim Feuerschuh!» Und er kam sich sehr großartig vor.

Gisela zeigte ihm alle Tiere in den Ställen: die Pferde, die Schweine, die Ziege, die Hühner und die Gänse und Enten.

Sie sagte: «Unsere Kühe sind noch draußen auf der Weide. Nachher hole ich sie. Kommst du mit? Oder hast du Angst vor Kühen? Manche Stadtkinder rennen weg, wenn ich mit ihnen komme.»

«Ich?» fragte Tim. «Angst vor Kühen soll ich haben? Das ist ja zum Lachen!»

So gingen sie abends hinaus auf die Weide. Die Kühe liefen ihnen schon bis zum Weidetor entgegen. Gisela kannte sie alle mit Namen. Da waren die Ella und die Berta, die Olga, die Alma und die Emma. Sie sagte:

«Ella ist die Leitkuh. Die nehme ich. Dann laufen die anderen von selbst mit. Du kannst Alma nehmen, die geht am Schluß. Sie ist sehr brav.»

Schon hatte Tim eine Kette in der Hand. Und am anderen Ende von der Kette war eine dicke, große Kuh! Er machte den Arm steif, damit sie ihm nicht zu nahe kam. Sie hatte doch Hörner! Zuerst ging alles sehr gut. Gisela zog mit den anderen Kühen voran, und Alma und Tim gingen am Schluß. Tim dachte: Da kann man wieder einmal sehen, was für ein Kerl ich bin! Ich fürchte mich nicht vor Kühen wie die anderen Stadtkinder! Und er kam sich noch großartiger vor. Aber dann blieb Alma plötzlich stehen und fing an zu fressen. Vielleicht war sie noch nicht satt? Oder das Gras am Wegrand schmeckte besser als das auf der Weide? Tim wartete geduldig. Aber Alma ließ sich viel Zeit. Sie rupfte und kaute und schaute über die Wiesen.

«Bitte!» sagte Tim höflich. «Wir müssen weitergehen.» Aber Alma wollte nicht. Längst waren Gisela und die anderen Kühe verschwunden. Alma stand da wie ein Berg und fraß. Tim zog vorsichtig an der Kette. Alma machte drei Schritte und blieb wieder stehen. Sie schlug nur ihren Schwanz um Tims Kopf.

«Pfui!» sagte der. «Laß das! Los, jetzt wird weitergegangen!» Diesmal zog er fester an der Kette.

«Ha-muh!» machte Alma und sah ihn vorwurfsvoll an. Tim erschrak. So aus der Nähe klang das Muhen ganz schrecklich. So grollend und dumpf kam es aus ihrem großen Bauch! Er sprang einen Schritt zurück. Das gab einen Ruck an der Kette.

«Ha-muhu!» schrie Alma, schüttelte den Kopf und warf das Hinterteil herum. Und dann raste sie los! Tim wußte gar nicht, daß Kühe so rennen können. Er hing an der Kette und ließ sich ziehen.

«Halt! Halt!» schrie er. «Anders herum!» Aber Alma stapfte mit ihren dicken, eigensinnigen Beinen in den Wald hinein. Tim hätte am liebsten geweint. Ob diese schreckliche Kuh ihn wohl immer weiter und weiter fortschleppen würde? Er durfte sie doch nicht loslassen! Wie dunkel es im Wald schon war!

«Gisela!» rief Tim verzweifelt. «Giselaha!»

«Ja – ha! Wo seid ihr?» kam es von unten.

«Hier! Im Wald! Hilf mir doch!» jammerte Tim.

«Ha-muhuu!» brüllte Alma. Nun stand sie ganz brav auf der Stelle und naschte zartes Waldgras.

Endlich kam Gisela. Sie nahm die Kette, gab Alma einen Schlag hinten drauf und sagte:

«Ale, Alma! Ale!» Und schon lief die brav und ordentlich den Berg hinunter, bis in ihren Stall. Tim trottete hinterher. Jetzt kam er sich überhaupt nicht mehr großartig vor.

«Mensch, Windsandale!» sagte er abends, als sie in der Kammer in den Betten lagen. «Stell dir das vor: beinahe hättest du allein weiterwandern müssen! Und ich wäre mit der fürchterlichen Alma durch die Welt gezogen!»

Und sie lachten beide und freuten sich schon auf den nächsten Tag.

Ilse Kleberger

Jan will auswandern

«Wie heißen die deutschen Nebenflüsse der Donau?» fragte Ingeborg.

Jan leierte gelangweilt: «Iller, Lech, Isar, Inn fließen rechts zur Donau hin, lala, Nab und Regen fließen ihr entgegen.»

«Was ist lala?»

Jan gähnte. «Ich hab' es vergessen.»

«Du mußt es aber wissen! Wenn dich morgen die Lehrerin fragt, und du weißt es nicht, kriegst du wieder eine Fünf. Nimm den Atlas vor und such dir die Flüsse heraus.»

Mißmutig zog Jan den Atlas aus seiner Schulmappe. Als Ingeborg zurückkam, studierte er mit glänzenden Augen eine Karte.

«Hast du sie gefunden?»

«Ja, hier ist Oklahoma, und hier sind die Rocky Mountains, da sind die großen Reservate.»

«Was für Reservate? Ich denke, du suchst die Nebenflüsse der Donau.»

«Ach, die Donau ist mir schnuppe. Ich such' die Gegenden, wo die Indianer in Amerika wohnen. Guck mal, hier!»

Ingeborg schob den Atlas beiseite und sagte zornig: «Und mir sind deine Indianer schnuppe und deiner Lehrerin wahrscheinlich auch. Wenn du weiter so faul bist und nichts lernst, bleibst du noch einmal sitzen.»

Jan traten die Tränen in die Augen. «Wozu soll ich den ganzen Quatsch lernen, wenn ich doch nach Amerika gehen und Cowboy werden will?» heulte er.

«Feiner Cowboy, der wie ein Mädchen weint!» lachte Ingeborg spöttisch und verließ den Bruder. Jan trocknete sich die Tränen ab. Darin hatte sie recht, daß ein Cowboy nicht heulen sollte, aber sie hatte ganz und gar unrecht darin, daß ein Cowboy die Nebenflüsse der Donau kennen müßte. Entschlossen klappte er den Atlas zu, nahm ein Buch unter den Arm, auf dem «Als Schiffsjunge nach Amerika» stand, und verzog sich in den Ziegenstall, wo ihn bis zum Abendmelken sicher niemand stören würde. Hier saß er bald auf der Futterraufe und las: «Plötzlich sahen sie Land, und es war Amerika. Dem kleinen Schiffsjungen klopfte das Herz. Nun würde er das Land sehen, in dem die Indianer und Cowboys lebten, in dem es Wolkenkratzer und die Niagarafälle gab.»

Jan blickte vom Buch auf und betrachtete nachdenklich die Ziege, die sich an seinen Beinen rieb. Wenn er doch dieser Schiffsjunge wäre! Aber warum sollte er nicht auch ein Schiffsjunge werden?

Als er am Sonnabendnachmittag wieder einmal mit Frieder zusammen auf der Teppichstange saß, flüsterte er: «Du, ich hab' ein Geheimnis. Wenn du es keinem weitersagst, erzähl' ich es dir.»

Frieder spuckte seinen Kaugummi aus und steckte einen frischen in den Mund. «Was ist es?» fragte er ziemlich gleichgültig.

Jan zögerte. Aber weil er zu gern Frieders verblüfftes Gesicht sehen wollte, antwortete er: «Ich wandere aus.»

«Was?» Frieder hörte einen Augenblick auf zu kauen.

«Ich gehe nach Amerika», sagte Jan wichtig.

Frieder tippte sich mit dem Finger an die Stirn.

Jetzt wurde Jan wütend. «Jawohl», schrie er, «morgen, am Sonntag, reiße ich aus. Ich fahr' nach Hamburg, geh' als Schiffsjunge auf ein Schiff und fahre nach Amerika. Dort werde ich Cowboy!»

«Wenn du so laut brüllst, wird gleich deine ganze Familie angerannt kommen, um dir auf Wiedersehen zu sagen», entgegnete Frieder.

Jan biß sich erschrocken auf die Lippen und schielte nach dem offenen Fenster von Omas Zimmer hin. Aber dort regte sich nichts.

Am Abend packte er seine Leinwandtasche, die er für Schulwanderungen

bekommen hatte, schüttelte vier Mark und fünfzig Pfennig aus seinem Sparschwein heraus und steckte sie in sein rotes Geldtäschchen. Früh am Sonntagmorgen zog er sich flink an, nahm seine Sachen und schlüpfte aus dem Haus. Erst als er in der Kleinbahn saß, atmete er auf. Das Abteil war leer. Er setzte sich auf einen Fensterplatz und blickte in die Landschaft hinaus. Als die Dächer des Dorfes verschwanden, war ihm doch recht bang zumute. Nun, er würde zurückkehren, später, wenn er in Amerika reich oder berühmt geworden war, vielleicht auch beides. Dann würde er Mutter ein neues Kleid mitbringen und Vater eine Uhr und Oma ...
«Guten Morgen!» sagte Oma freundlich und setzte sich ihm gegenüber.
Jan blinzelte, aber er sah richtig. Da saß Oma in ihrem schwarzen Kleid mit dem lila Strohhut auf dem Kopf, in der rechten Hand den Vogelbauer mit Paulchen, der munter schwatzte, in der linken Hand Handtasche und Regenschirm.
«Ach, sei so freundlich und stell meinen Koffer ins Netz!» Oma zeigte mit ihrem Schirm auf ein braunes Köfferchen, das im Gang stand. Verwirrt erfüllte Jan ihren Wunsch.
Oma stellte Paulchen neben sich auf die Bank, öffnete ihre Handtasche und kramte eine Rolle saure Drops heraus. «Magst du einen? Wenn ich reise, muß ich immer Bonbons lutschen.»
«Wo fährst du denn hin?» stotterte Jan, während er sich einen Zitronendrops in den Mund steckte.
Oma suchte umständlich nach einem Himbeerbonbon und antwortete: «Nach Amerika.»
«Nach Amerika?» Jan schnappte nach Luft. «Du willst nach Amerika?»
«Ja, warum nicht?» Oma lutschte eine Weile hingegeben. «Ich wollte schon immer gern nach Amerika. Schon als kleines Mädchen wollte ich einmal ausreißen, aber da bekam ich die Windpocken, und auch später kam immer etwas dazwischen. Zuerst hatte ich Tanzstunde, und dann habe ich geheiratet, und dann wurden die Kinder geboren, und dann wurdet ihr geboren, und

ich mußte euch das Laufen beibringen und Anstandsunterricht geben und bei Masern Streuselkuchen backen und vorlesen. Aber nun habt ihr ja alle die Masern gehabt, das Baby wird sie erst in fünf Jahren kriegen, und der Anstandsunterricht nützt bei euch sowieso nicht viel. Als ich gestern hörte, daß du nach Amerika fahren willst, beschloß ich mitzufahren.»

Jan starrte verwirrt aus dem Fenster. Oma wollte mit, Oma mit ihrem komischen lila Hut, dem falschen Zopf und Paulchen im Käfig?

«Oder ist es dir nicht recht?» fragte Oma besorgt.

«Doch, doch», antwortete Jan hastig.

«Na, dann ist ja alles in Ordnung.» Oma holte ihr Strickzeug hervor und ließ die Nadeln klappern. Eine Weile schwiegen sie. Jan wußte nicht recht, ob er sich ärgern oder freuen sollte.

«Hast du viel Geld?» fragte er.

«Neun Mark, und du?» Oma betrachtete ihn neugierig über ihre Brille hinweg.

Jan rechnete. «Eine Mark hat die Fahrkarte gekostet, also hab' ich noch drei Mark fünfzig.»

«Nicht sehr viel, aber es wird schon reichen», meinte Oma.

«Wie willst du denn nach Amerika kommen?» fragte Jan zaghaft.

«Genau wie du», antwortete Oma.

«Aber du kannst doch nicht Schiffsjunge werden!»

«Das nicht, obgleich ich vielleicht besser klettern kann als mancher von euch jungem Gemüse. Aber wenn ich so viel im kalten Wind sein muß, bekomme ich Rheumatismus. Ich werde in der Küche helfen und mir so die Überfahrt verdienen.»

«Und was willst du drüben in Amerika machen?»

«Vielleicht kann ich als Köchin auf der Farm arbeiten, auf der du Cowboy bist.»

«Dann könntest du mir ab und zu Makkaroniauflauf machen.»

«Natürlich!»

Jan begann sich für den Gedanken zu erwärmen, mit Oma zusammen nach Amerika zu reisen.

«Eberbach – Endstation!» rief der Schaffner. Oma sprang auf und ergriff ihre Handtasche, den Regenschirm und Paulchens Käfig.

«Mein Köfferchen trägst du vielleicht.»

Jan hob den Koffer aus dem Netz und folgte ihr aus dem Zug. Vor dem Bahnhof schauten sie sich an.

«Was nun?» fragte Oma.

«Ich wollte trampen, Autos anhalten», meinte Jan zögernd.

«Gut, trampen wir!»

Sie stellten sich am Rand der breiten Eberbacher Straße auf. Die ersten drei Autos, die Jan anzuhalten versuchte, fuhren vorbei.

«Laß mich mal!» sagte Oma. Als ein Lastwagen daherkam, stellte sie sich auf die Straße und winkte mit dem Regenschirm. Auf dem Wagen stand eine Kuh. Der Fahrer hielt an und lehnte sich aus dem Fenster.

«Na, alte Dame, wohin soll's denn gehen?»

«Nach Hamburg», sagte Oma. «Bitte, nehmen Sie uns mit!»

«Meine Kuh will aber nicht nach Hamburg. Sie will nach Heidenfeld, ist'ne andere Richtung. Tut mir leid.» Der Fahrer lachte freundlich, tippte an seine Mütze und fuhr davon.

Eine halbe Stunde warteten sie vergebens.

«Wenn kein Auto kommt, müssen wir eben laufen», sagte Oma forsch.

Sie gingen los, aber nach ein paar Schritten hielt Oma an. «Gehen wir auch in der richtigen Richtung?»

Jan hob unsicher die Schultern.

«Wo liegt Hamburg?» fragte Oma.

«Im – im Norden», stotterte Jan.

«Nordost oder Nordwest? Ich war leider in der Schule in Erdkunde recht schlecht.»

«Ich leider auch», sagte Jan kleinlaut.

Paulchen, der sich von den Schrecken der Bahnfahrt erholt hatte, schüttelte sein Gefieder und rief: «Nordwest!»

«Paulchen meint Nordwest», sagte Oma. «Aber wo ist Nordwest?»

Jan fand, er könne sich nicht noch mehr blamieren und zeigte geradeaus.

Vergnügt schulterte Oma den Regenschirm und hängte die Handtasche an den Griff. In der anderen Hand trug sie den Käfig mit Paulchen. Sie marschierte kräftig voran und sang: «Das Wandern ist des Müllers Lust.»

Jan versuchte mitzusingen, kam aber schnell außer Atem. Seine Sonntagsschuhe drückten, und Omas Koffer schien immer schwerer zu werden.

«Was hast du in dem Koffer?» fragte er.

Oma schmetterte gerade: «... das Wahandern, das Wahandern!» Sie brach ab und fragte besorgt: «Wird er dir etwa zu schwer? Es sind nur ein paar Kleinigkeiten drin. Ein Nachthemd, die Zahnbürste, Seife, ein Kochbuch, Vogelfutter und die Rollschuhe. Ja, und eine Bluse und etwas Wäsche zum Wechseln, Hausschuhe, Abführpillen und meine Patiencekarten. Das ist alles. Soll ich ihn lieber tragen?»

«Nein, nein, er ist ganz leicht!» versicherte Jan hastig.

«Und was hast du eingepackt?»

«Die Indianerhaube, die Spritzpistole, ein Karl-May-Buch, ein Mickymausheft, ein Paket Kaugummi, eine Wäscheleine...» Jan schielte ängstlich zu Oma hin. «Ich brauche doch ein Lasso.»

«Natürlich brauchst du ein Lasso. Und wie ist es mit Seife und Zahnbüste?»

«Ach, die hab' ich vergessen.»

Oma wiegte den Kopf. «So etwas kann passieren. Meine Seife kann ich dir borgen, und die Indianer putzen sich die Zähne mit kleinen Zweigen, wie ich in einem Buch gelesen habe.»

Jan war erstaunt, daß Oma etwas von den Indianern wußte. Seine Achtung vor ihr stieg gewaltig, und er war nun richtig froh, daß sie mit nach Amerika kommen wollte. Unterdessen war es recht heiß geworden. Jan schwitzte. Sein Arm wurde lahm, und er merkte, daß sich an seinem rechten Hacken eine Blase bildete. Doch Oma wanderte vergnügt und frisch voran. Jan wollte nicht als erster um eine Ruhepause bitten.

«Wie steht es mit deinem Englisch?» fragte Oma.

«In Amerika werden wir englisch sprechen müssen. Ich muß gestehen, daß ich in der Schule auch in Englisch keine große Leuchte war. Und du?»

«Es geht», murmelte Jan.

«Was heißt zum Beispiel: Bitte, ein Meter Gummiband?» fragte Oma.

«Please...», fing Jan an und schwieg dann.

«Please wußte ich auch», sagte Oma, «aber weiter?»

«Please...», wiederholte Jan. «Ach, warum willst du denn so was wissen?»

«Na hör mal, das ist wichtig. Wenn mir nun ein Gummiband reißt und irgendein Kleidungsstück rutscht, dann muß ich mir doch neues Gummiband kaufen. Ober soll ich es etwa rutschen lassen?»

Eine Weile gingen sie schweigend nebeneinander her. Oma schien ein bißchen verstimmt zu sein, und Jan wurde immer müder. Außerdem hatte er Hunger. Aber wo sollte man hier etwas zu essen bekommen?

Auf einmal sagte Oma: «Nun wollen wir zu Mittag essen.»

«Wo hast du denn etwas zu essen?» fragte Jan erstaunt.

«Hier drin!» Oma klopfte auf ihre Handtasche.

Jan schöpfte wieder Mut. Sicher würde Oma etwas Gutes in der Tasche haben, vielleicht Kuchen oder belegte Brötchen oder sogar Kartoffelsalat. Ihm lief das Wasser im Mund zusammen.

Oma sah sich nach einem schattigen Plätzchen um. Inmitten einer Weide, auf der zwei Kühe und ein Stier grasten, stand auf einem kleinen Hügel ein Baum. Oma fing an, durch den Stacheldraht zu klettern.

«Aber der Stier!» wandte Jan ein.

«Ach, wenn wir ihn in Ruhe lassen, wird er uns auch in Ruhe lassen», meinte Oma und stapfte über die Wiese auf den Hügel zu. Sie hatte recht; der Stier und die Kühe kümmerten sich nicht um sie. Sie ließen sich im Schatten nieder. Oma holte aus ihrer Handtasche ein Tütchen mit Vogelfutter und füllte

Paulchens Futternapf. Dann kramte sie eine Serviette hervor und legte sie sich über die Knie. Danach zog sie eine Thermosflasche und ein kleines Päckchen aus der Tasche. Jan sah ihr gierig zu. Sein Magen knurrte jetzt fürchterlich. Sie packte ein paar Scheiben Zwieback aus.
«Was sagst du nun?» fragte sie stolz. «Das ist richtiger, echter Schiffszwieback, wie wir ihn zu essen bekommen werden, wenn unser Schiff in Seenot gerät und wochenlang steuerlos auf dem Meer treibt. Wenn alle Vorräte aufgegessen sind, gibt es immer nur noch Schiffszwieback. Es ist gut, wenn wir uns an den Geschmack gewöhnen.»
Jan war etwas enttäuscht. Aber ein Schiffsjunge durfte nicht wählerisch sein. Er knabberte mühsam. Der Zwieback war sehr hart.
«Schmeckt ein bißchen nach Mottenkugeln.»
Oma nickte. «Ja, er lag ein paar Jahre in der Schublade neben den Mottenkugeln, aber das ist gerade richtig. Schiffszwieback schmeckt immer nach irgend etwas anderem, nach Teer oder Salzwasser oder Schuhkrem.»
«Was hast du in der Thermosflasche?» fragte Jan.
«Wasser», antwortete Oma.
Jan trank etwas davon. Es war lauwarm und schmeckte nicht sehr gut. Nachdem er Hunger und Durst notdürftig gestillt hatte, legte er sich ins Gras. Oma knabberte mit Behagen ihren Zwieback und nahm dazu einen Schluck aus der Flasche. Dann zog sie ihr Strickzeug hervor und begann zu stricken. Beim Klappern der Nadeln las Jan in seinem Mickymausheft. Es war doch nett, daß er hier nicht ganz allein rasten mußte.
Als er in seiner Tasche zu kramen begann, borgte sich Oma von ihm das Mikkymausheft, legte es auf ihre Knie und las, indem sie, ohne hinzugucken, weiterstrickte. Sie war bald ganz vertieft und merkte daher nicht, daß Jan die Wäscheleine hervorholte. Dort hinten graste der Stier.
In Amerika würde Jan manchen wilden Stier mit dem Lasso fangen müssen. Wie gut, daß er es hier schon üben konnte! Er knüpfte eine Schlinge und schlenderte mit der Leine zu dem Stier hin. Das Tier beachtete ihn nicht. Jan

warf die Leine etwas von hinten, damit ihn der Stier nicht sehen konnte. Er wollte die Hörner erreichen und den Kopf des Tieres mit einem Ruck nach hinten ziehen. Aber er hatte zu kurz geworfen und traf das Hinterteil. Der Stier drehte sich nicht einmal um und schlug nur mit dem Schwanz, als hätte ihn eine Fliege belästigt. Nun versuchte Jan es von der Seite. Der Stier wandte den Kopf und sah ihn mit seinen großen Augen finster an. Jan warf das Lasso. Es erreichte auch ein Horn, glitt dann aber ab und traf hart die Schnauze des Tieres. Der Stier reckte sich und brüllte, daß es Jan durch Mark und Bein ging.

«Oma», rief er, «Oma!» und rannte, was seine Beine hergeben konnten, auf den Baum zu, wo Oma friedlich strickte. Hinter sich hörte er es stampfen und schnauben. Oma sah die beiden kommen. Sie warf Strickzeug und Mikkymausheft beiseite und griff nach dem Regenschirm. Als Jan bei ihr anlangte, spannte sie den Schirm auf und hielt ihn dem Stier entgegen.

«Husch, husch, geh weg, du Tier!» rief sie.

Der Stier blieb verblüfft stehen. Sobald er sich rührte, schloß Oma den Schirm und öffnete ihn wieder.

Der Stier starrte das seltsame Spiel verwirrt und etwas ängstlich an.

«Nimm das Gepäck!» flüsterte Oma.

Jan ergriff Paulchen, Omas Koffer und Tasche und seinen Beutel; und während Oma den Regenschirm in Richtung des Stieres immerfort schloß und öffnete, traten sie den Rückzug an. Sie keuchten beide vor Schreck und Anstrengung, als sie endlich durch den Zaun schlüpften. Omas falscher Zopf blieb dabei im Stacheldraht hängen und wehte nun wie eine kleine graue Fahne im Wind. Das löste die Erstarrung des Stieres. Mit wütendem Gebrüll schoß er auf den Zaun zu. Als er den Weg versperrt fand, rannte er zum Baum zurück und stampfte Omas Strickzeug und das Mickymausheft, die dort liegengeblieben waren, in das Erdreich hinein. Jan und Oma sahen dem Toben mit Grauen zu. Wie leicht hätte es sie treffen können! Oma hakte ihren Zopf vom Zaun und befestigte ihn mit Haarnadeln am Kopf.

«Uff», sagte sie, «das ist noch einmal gut gegangen. Das Leben ist doch recht gefährlich. Es ist wohl besser, wir gehen erst mal wieder nach Hause. Ich muß mir auch ein neues Strickzeug holen. Was meinst du?»

Jan konnte nicht sprechen; der Schreck hatte ihm die Stimme verschlagen. Er nickte nur.

Als sie nebeneinander auf der Landstraße dahingingen, sagte Oma nachdenklich: «Ich glaube, wir schieben das Auswandern etwas hinaus. Vielleicht ist es besser, wenn wir erst noch ein bißchen Erdkunde und Englisch lernen.»

Jan fiel ein Stein vom Herzen. Nur eine Sorge bewegte ihn. Wie würde man sie zu Hause empfangen?

Zu seiner Überraschung sagte niemand etwas. Sie kamen kurz vor dem Abendessen an, und der Tisch war schon gedeckt. Mutter fragte seltsamerweise: «Na, war's schön?»

Daß Jan beim Essen schweigsam war, fiel bei dem Geplauder der Geschwister nicht auf. Er war todmüde und ging sehr früh ins Bett. Als er sich in den weichen Kissen ausstreckte, dachte er schaudernd, wo er sich wohl jetzt schlafen legen müßte, wenn Oma nicht auf den Gedanken gekommen wäre, wieder nach Hause zu gehen.

Oma half Mutter beim Abwaschen.

«War euer Ausflug schön?» fragte Mutter.

Oma nickte. «Könntest du mir bitte den Zettel geben, den ich dir heute morgen auf den Tisch gelegt habe? Auf der Rückseite ist eine Rechnung, die ich noch brauche.»

Mutter holte aus der Schürzentasche ein Stück Papier und reichte es Oma. Darauf stand: «Ich mache mit Jan einen Tagesausflug. Zum Abendessen sind wir wieder zurück. Oma.»

Heinrich Hannover

Die Birnendiebe vom Bodensee

Am Bodensee wachsen viele Birnen. Und am Bodensee gibt es, wie überall, Diebe, die gern Birnen essen. Einmal schlichen des Nachts zwei Diebe durch die Gärten und wollten Birnen stehlen. Endlich fanden sie einen besonders großen Baum, der über und über voll Birnen hing. Da kletterte einer hinauf und stopfte sich die Taschen und den Rucksack voll und warf dem anderen so viele Birnen herunter, bis dessen Taschen und Rucksack auch voll waren.

Aber der Baum hing immer noch über und über voll Birnen. Und da sagte der eine Dieb zum andern: «Es ist eigentlich schade, daß wir so viele Birnen hängen lassen müssen!» «Ja», sagte der andere, «wir sollten den ganzen Baum mitnehmen.» «Das ist eine gute Idee», sagte der eine. Und sie beschlossen, den Baum abzusägen und mitzunehmen.

Nun mußten erst eine Säge und eine Axt beschafft werden. Und wie machen Diebe so etwas? Sie stehlen sie. Also suchten sie nach einem Geräteschuppen und fanden auch bald einen. Aber der war natürlich über Nacht zugeschlossen. Da holten sie einen Dietrich aus der Tasche – ohne den geht ja ein Dieb niemals spazieren – und schlossen damit die Tür auf. Und richtig: Da war alles Werkzeug, das sie brauchten. Der eine griff nach einer Säge, der andere nach einer Axt, und schnell wollten sie mit ihrer Beute davonlaufen. Aber der eine fiel in der Dunkelheit über den Stiel einer Harke, und von dem Holterdipolter wachte ein Hund auf, der neben dem Geräteschuppen schlief. Wauwauwauwauwau!! Da rannten die beiden Diebe so schnell sie konnten, aber sie konnten nicht schnell, weil sie doch die Säge und die Axt trugen und auch noch ihre Rucksäcke mit Birnen auf dem Rücken hatten. Und der Hund kam immer näher und näher: Wauwauwauwauwau!! «Wir müssen was wegwerfen!» rief der eine Dieb. «Aber was?» fragte der andere. «Die Rucksäcke!» sagte der erste. Und so warfen sie ihre Rucksäcke mit den Birnen weg. Und sie hatten Glück: Der Hund fraß gern Birnen und ließ die Diebe laufen.

So kamen sie wieder zu dem großen Birnbaum. Und sie machten sich an die Arbeit: der eine schlug mit der Axt eine tiefe Kerbe in den Baum, und dann sägten sie beide auf der anderen Seite des Baumes so lange, bis der Baum schließlich mit lautem Krachen umfiel. Die Leute, denen der Baum gehörte, hatten einen guten Schlaf. Aber von dem Krachen, als der Baum umfiel, wurden sie doch wach. Die Frau sagte zu ihrem Mann: «Ich glaube, es hat gedonnert.» Da stand der Mann auf und schaute aus dem Fenster in den Garten. «Ich glaube, der Blitz ist in unseren Birnbaum geschlagen», sagte der Mann. Als er im Schlafanzug und mit Hauspantoffeln in den Garten trat, da sah er gerade noch, wie der Baum aus der großen Gartenpforte getragen wurde. Er rief: «Halt! Halt!» Aber der Baum lief immer weiter, runter an den Bodensee. Da dachte der Mann: «Ach, das habe ich wohl bloß geträumt», und legte sich wieder schlafen.

Die beiden Diebe aber fanden, daß der Baum doch ein bißchen zu schwer sei, als daß sie ihn ganz nach Hause hätten tragen mögen. «Wir brauchen ein Boot», sagte der eine. «Das ist eine gute Idee», sagte der andere. Und was machen Diebe, wenn sie ein Boot brauchen? Sie stehlen sich eins. Bald hatten sie auch ein Boot gefunden. Es lag genau am Landungssteg im Wasser, man brauchte nur hineinzuspringen. Da schleppten sie den Baum auf den Landungssteg, warfen den Baum auf das Boot und sprangen selbst hinterher. Aber der Baum war viel zu groß und zu schwer für das kleine Boot. Und so ging das Boot mit dem Baum und den beiden Dieben unter. «Hilfe! Hilfe!» riefen die beiden Diebe, denn sie konnten nicht schwimmen. Zum Glück hörte das der Hund, der sie aus dem Geräteschuppen gejagt hatte. Der war jetzt ganz friedlich, weil er so viele Birnen gefresse hatte, und er erkannte die beiden Diebe auch nicht wieder, weil sie jetzt so gut nach Bodensee rochen. Der also sprang ins Wasser und zog die beiden Diebe ans Land, sonst wären sie jämmerlich ertrunken.

Der Baum aber, denkt euch, war so glücklich ins Wasser gefallen, daß seine Krone aus dem Wasser herausragte. Da sind am nächsten Tag die Kinder hingeschwommen und haben die Birnen gepflückt. (Die Leute, denen der Baum gehörte, haben sich natürlich über die ganze Sache sehr geärgert. Aber sie waren so reich, daß sie sich auch Birnen im Laden kaufen konnten. Die beiden Diebe aber zogen in eine Gegend, wo es nicht so viel Wasser gibt.)

Rüdiger Stoye

Wie der Hund Putzi seinem Herrchen in den Hintern biß

Herr Putzichei arbeitete tagsüber in einer großen Firma. Aber die Arbeit machte ihm keinen Spaß. Er mußte nämlich alles machen, was sein Chef, der Herr Zink, sagte. Nichts durfte er selbst bestimmen. So ging das jeden Tag von acht Uhr früh bis um halb fünf am Nachmittag. Aber nach halb fünf wurde alles anders. Da war Feierabend und Herr Putzichei fuhr mit seinem Auto nach Hause. Dort hatte er einen Hund. Der hieß Putzi. Das sind die ersten fünf Buchstaben von Herrn Putzicheis Namen. Dieser Putzi war das große Glück und die ganz große Hoffnung von Herrn Putzichei. Der Hund sollte nämlich beim Hundewettbewerb am 24. Juli den ersten Preis gewinnen. Dann würde der Chef von Herrn Putzichei, der Herr Zink, vor Neid ganz gelb werden – so dachte Herr Putzichei. Denn der Chef wollte mit seiner Bulldogge auch den ersten Preis gewinnen.
Putzi mußte nun unter der Leitung von Herrn Putzichei jeden Tag fleißig üben. Er mußte durch Reifen springen, Pfötchen geben, Platz nehmen, Türen öffnen, Männchen machen und mit der Pfote bis fünf zählen.
«Putzi», sprach am Abend Herr Putzichei, «du liebst doch dein Herrchen, nicht? Dann gewinnst du auch am 24. Juli den ersten Preis, verstanden!»
Und Herr Putzichei holte wieder das Hundefellpflegemittel, die Hundeaugentropfen und die Hundeohrentropfen aus dem Schrank, und bearbeitete damit den Putzi, wie er es jeden Tag tat. Der Hund guckte dabei sehr traurig.
Eines Abends ließ Herr Putzichei wieder das Badewasser für Putzi in die Badewanne ein. Dabei beugte er sich weit über den Wannenrand, um das Hundepflegemittel GLANZHUND in das Wasser zu streuen. Da nutzte Putzi den Augenblick und biß seinem Herrchen kräftig in den Hintern. Herr

Putzichei brüllte laut auf und plumpste vor Schreck in die Wanne. Der Hund Putzi raste sofort zur Wohnungstür, sprang hinauf zur Türklinke, öffnete die Tür und rannte hinaus auf die Straße.

Der Hund rannte, bis er die großen Straßen der Stadt erreichte. Da hörte er hinter sich einen Mann laut rufen. Es war Herr Putzichei! «Putzi», brüllte er, «Putzi, nimm sofort Platz! Geh sitzen, Putzi, geh sitzäähn!»

Putzi, in seiner Angst, kroch unter ein parkendes Auto und Herr Putzichei rannte vorbei. Und fortwährend brüllte er: «Putzi, hörst du mich? Was habe ich alles für dich getan, was habe ich alles für dich getaaaan!»

Bald hörte Putzi den Putzichei nur noch von weitem brüllen. Der Hund wagte sich unter dem Auto hervor und verschwand in einer dunklen Seitenstraße. Dort rannte er gegen eine alte Dame. Die schrie gleich laut auf: «Hilfe, Hilfe, meine Handtasche!»

Aber dann sah sie, daß sie kein Räuber überfallen wollte.

Da saß nun Putzi und blickte die alte Dame verwundert an. Und die alte Dame guckte auch ganz verwundert auf den Putzi. Und weil sie jede Woche fünf Mark für den Tierschutzverein spendete, wagte sie sich näher an Putzi heran, und der Hund gab ihr die Pfote. Diesmal ganz ohne Befehl. Er mochte nämlich die weiche Stimme.

So folgte er der Frau bis in den Hausflur und weiter in den Fahrstuhl, obwohl er ganz schön Angst hatte. Aber die alte Dame beruhigte ihn, und bald waren sie auch schon in der Wohnung, oben im fünften Stock.

So wurde Putzi nun das Eigentum der alten Dame Hedwig Bittner. Sie wohnte ganz allein und hatte nur eine Freundin. Sonst kannte sie niemanden in der großen Stadt. Sie wollte auch niemanden kennenlernen, denn sie hielt nicht viel von den Menschen. «Der Mensch ist schlecht von Natur aus», sagte sie immer zu ihrer Freundin Trude, «auch die Kinder, die sind alle frech. Nur Tiere sind lieb und gut», meinte sie, «besonders Hunde, weil sie treu und gehorsam sind.» Darum fing sie an, Putzi über alles zu lieben. Und weil der Hund so putzig Pfötchen geben konnte, nannte sie ihn sofort «Putzi». Sie war

hocherfreut, als der Hund gleich auf den Namen Putzi hörte. «Was für ein kluger Kerl bist du!» rief sie immer wieder aus. Und dann bekam Putzi ein Stückchen Zucker.

Ja, das Leben war jetzt richtig herrlich für den Hund. Besonders wenn die Freundin Trude um vier Uhr zum Kaffeetrinken kam. Dann gab es eine große, fette Torte. Putzi lernte bald, mit am Tisch zu sitzen und ganz manierlich sich mit den Pfoten ein Stück Torte zu nehmen. Darüber waren Hedwig und die Trude ganz entzückt und belohnten ihn mit einem Küßchen auf die feuchte Hundenase. Daß er bei Regenwetter gleich eine Hundejacke aus Wolle tragen mußte, war ja etwas lästig. Er besaß schließlich selbst ein Fell. Aber Putzi hatte Schlimmeres erlebt.

Doch im Laufe der Zeit kaufte die alte Hedwig immer mehr Kleidungsstücke für den Hund. Als es Winter wurde, mußte Putzi nachts eine Hundenachtjacke anziehen, damit er sich nicht erkältete. Als er trotzdem zweimal nieste, lief Hedwig gleich in ein Hundespezialgeschäft und kaufte eine Hundenachtmütze. Da wurde es dem Putzi nachts mächtig heiß und er träumte oft, jemand wolle ihn braten.

Eines Sonntags gingen Hedwig Bittner und ihr Hund Putzi Bittner, so nannte sie ihn, spazieren. Es war noch Winter und Schnee lag auf den Wiesen am Stadtrand. Da sah Putzi zum erstenmal Kaninchenspuren. Er roch daran und es machte ihm Spaß, und so folgte er, die Nase auf dem Schnee, immer schneller der Spur. Hedwig rannte keuchend hinterher: «Putziii – Putzilein, laß doch den Unsinn!» schrie sie. Aber Putzi war schon längst im Gebüsch verschwunden.

Bald darauf kam er mit einem Kaninchen in der Schnauze zurück. Das zappelte heftig, doch Putzi hielt es fest und war sehr stolz.

Hedwig Bittner rief nur noch: «Putzi, was hast du getan!» Dann fiel sie um und war ohnmächtig. Putzi ließ vor Schreck das Kaninchen fallen. Das jagte sofort zurück in den Wald.

Der Hund schlich sich vorsichtig an die Liegende heran. Eine Weile saß er

ratlos neben Hedwig, dann leckte er ihr dreimal quer über das Gesicht. Hedwig Bittner wachte auf.

Zu Hause angekommen, sprach Hedwig kein Wort mehr zu Putzi. Sie war beleidigt. Das war das Schlimmste für den Hund. Er ging ein paar Mal um sie herum, dann verkroch er sich auf seine Decke im Schlafzimmer, legte den Kopf auf die Pfoten und sah lange durch die geöffnete Tür, immer in die Küche. Da saß Hedwig am Tisch und starrte vor sich hin. Plötzlich schien sie nicht mehr da zu sein. Putzi war es, als ob ein kalter Wind die Küchentür weit aufschlug und die Küche sich in eine weite Straße verwandelte. Die Küchenlampe war der Mond und die Schränke und Stühle waren die Häuser. Putzi wanderte die Straße entlang und begegnete einem alten Schäferhund. Der sagte zu ihm:

«Schlimm haben es die Menschen mit dir getrieben. Erst gaben sie dir einen blöden Namen. Dann haben sie dich behandelt, wie sie ihre Menschenkinder behandeln. Du mußtest essen, was sie gerne essen, – das hält doch kein Hund aus!»

«Eben», sagte Putzi, «aber was soll ich jetzt tun?»

Der alte Schäferhund sah sich vorsichtig um. Dann trat er näher an Putzi heran und knurrte leise:

«Hör zu, ich würde noch heute die Menschen verlassen und in das Land hinter den Wäldern laufen. Dort leben unsere Urahnen, die Wölfe. Dort findest du die Freiheit. Bei den Wölfen vergißt du allen Unsinn, den die Menschen dir beigebracht haben!»

So sprach der Schäferhund, drehte sich um und verschwand.

Putzi war auf einmal hellwach. «Bei allen Kalbsknochen der Welt, ich laufe sofort in das Land hinter den Wäldern!» dachte Putzi mit einem Blick auf Hedwig, die jetzt in ihrem Bett lag und schnarchte. Er schlich sich lautlos aus dem Zimmer.

Im Flur sah er noch einmal in den großen Garderobenspiegel. Dann öffnete er die Wohnungstür, sprang in den Hausflur und hinaus auf die Straße.

Am Stadtrand fragte er die Vögel, die auf den Telegrafendrähten schliefen, nach dem Weg. Sie drehten ihre Köpfe nach links, und daraufhin rannte Putzi nach links. Er streifte lange durch Wiesen, Wälder und über viele Brücken und Berge. Am Tage machte er um die Städte und Dörfer der Menschen einen großen Bogen, denn von denen hatte er jetzt genug.

Als er lange Zeit gelaufen war, hörte er eines Abends einen seltsamen Ton. Das war in einer öden Landschaft, schon tief im Land hinter den Wäldern. Es klang wie das Heulen von tausend Gespenstern aus weiter Ferne. Bald darauf erschienen am Horizont mehrere dunkle Schatten, die hin- und herhuschten. Jetzt kamen sie näher und umkreisten in großem Bogen den Hund mit der Nachtmütze. Sie sahen aus wie Schäferhunde, aber sie bellten nicht. Sie heulten: Huuuooohuuuoooh!

Es waren Wölfe!

Putzis Fell sträubte sich. Doch das verging gleich wieder und so versuchte er es auch mit einem Heulton. Das klang so, wie eben ein Hund jault, wenn man ihn in ein Zimmer einsperrt: Wauuuuuhuauuuu! Sofort sprangen alle Wölfe leise aufheulend ein Stück zurück.

«Was denn?» rief Putzi, «was ist denn los?»

Keine Antwort. Schweigend standen die Wölfe im Kreis um ihn herum. Entschlossen ging Putzi auf einen sehr großen Wolf zu. Der sollte ihm jetzt endlich diese Nachtmütze und diese Jacke vom Leib reißen. Doch der große Wolf zog winselnd den Schwanz ein und fegte über die Schneefläche davon. Alle anderen Wölfe jagten hinterher.

Da saß nun der Putzi, weit hinter den dunklen Wäldern, immer noch mit Nachtmütze und Schlafjacke. Wer konnte ihm jetzt noch helfen? Da legte sich Putzi in eine Schneemulde und winselte leise.

Ein leichtes Schneetreiben setzte ein und deckte den Hund zu.

Bald wurde ihm warm in seiner Schneehöhle und er schlief ein.

Ganz deutlich fühlte er, wie er auf einem Sofa in einer Menschenwohnung lag. Neben dem Sofa war eine warme Heizung und aus der Küche roch es nach Essen. Ein Mensch rief ihn: «Komm! Na, komm – na, komm...!» Laut bellend wachte Putzi auf, durchstieß mit einem Ruck die dicke Schneedecke und steckte den Kopf ins Freie.

Ein kalter Sturm brauste über das Land und nahm Putzi fast die Luft weg.

«Es war ein Irrtum – das mit den Wölfen», dachte Putzi verzweifelt, «ich muß doch zu den Menschen zurück. Vielleicht gibt es auch andere Menschen als Putzichei und Hedwig!»

So machte sich Putzi wieder auf den Weg. Durch Sümpfe, Wälder und über Berge und Brücken suchte er seinen Weg zurück.

Eines Abends schlich sich Putzi in die Nähe eines Hauses. Aus der halbgeöffneten Tür roch es so gut. Er legte sich im Halbdunkel vor die Tür und spähte angespannt zum leuchtenden Schlüsselloch in der Küchentür. Dahinter platschte und knisterte es, als ob etwas gebraten würde.

«Was? Was ist denn das?» ertönte plötzlich drinnen die Stimme einer Frau. «Du ißt das zweite Ei! Aber schnell!»

Putzi richtete sich erschrocken in seinem Versteck auf und stellte seine Ohren senkrecht. Da drinnen weinte jetzt ein Mensch. «Na schön, wie du willst!» rief jetzt wieder diese Stimme.

Dann öffnete sich die Küchentür und ein kleiner Junge trat in den dunklen Hausflur. Putzi erkannte ganz deutlich, daß der Junge sonderbare, dicke Pausbacken machte. So, als wollte er pusten. Aber er pustete nicht, sondern stand da im dunklen Flur mit seinen dicken Hamsterbacken und rührte sich nicht.

«So, du bleibst so lange draußen, bis du runtergeschluckt hast!» rief die Stimme wieder von drinnen. «Das wollen wir doch mal sehn!» Es klang bedrohlich. Eigentlich wollte Putzi sich jetzt davonmachen. Aber da hatte ihn der Junge entdeckt und kam vorsichtig näher.

Dann beugte er sich herunter und spuckte etwas auf den Boden. «Da, friß mal», flüsterte er, «das ist Ei! Schmeckt lecker!» Das brauchte er Putzi gar nicht zu sagen. Der hatte sofort alles weggeschlabbert und blickte nun schwanzwedelnd den Jungen an. Der hockte sich neben den Hund und streichelte ihn. Seit langer Zeit wurde Putzi wieder von einer Menschenhand gestreichelt. Es war doch ganz schön.

«Was machst du denn da?» rief plötzlich von drinnen die Frauenstimme, und eilige Schritte näherten sich der Tür. Mit einem Satz war Putzi hinter der Haustür verschwunden. Die Küchentür öffnete sich und das Gesicht einer Frau wurde sichtbar. «Hab alles runtergeschluckt», sagte der Junge.

«Gut», sagte die Mutter – «warum nicht gleich so. Du kannst jetzt fernsehen!» Die Tür klappte zu. Putzi suchte sich sein Nachtlager in einem Schuppen in der Nähe des Hauses.

Am nächsten Abend kam Putzi wieder. Der Junge wartete schon auf ihn im dunklen Hausflur. Diesmal gab es Bratkartoffeln mit Speck, und der Junge hatte den letzten Rest nicht geschafft. Da kam Putzi gerade richtig. Er fraß Speck und Bratkartoffeln gerne. Dafür knüpfte der Junge dann schnell den Knoten der Nachtmütze auf und riß sie herunter. Er konnte gerade noch die Jacke herunterreißen – da kam wieder die Mutter. Putzi flüchtete.

So wurden die beiden Freunde. Jetzt spielten sie auch am Tage immer zusammen. Der Junge brachte dem Hund heimlich Knochen, Wurst und Margarinebrote. Der Hund kam dafür manchmal abends in den Hausflur und half dem Jungen aus seinen Schwierigkeiten. Eines Tages sagte die Mutter des Jungen:

«Bring mal deinen Freund, den Hund, mit ins Haus. Ich werde ihn waschen, bürsten und ihm einen Schlafplatz geben. Dann hat alles seine Ordnung.»

Putzi hatte nun also wieder ein Zuhause bei den Menschen. Aber es war viel besser, als damals bei Putzichei und Hedwig. Er bekam einen neuen Namen, sie nannten ihn Wuschel. Der Junge beschützte ihn, wenn die Mutter ihn zuviel waschen und bürsten wollte. Dafür half der Hund dem Jungen, wo er konnte. Zum Beispiel beim Abendbrot.

Josef Ippers

Der Gespenster-Schreck

Knifte hat damals nichts weiter gewollt, als im Hafen übernachten; er ist unter eine Verladerampe gekrochen, hat sich schön mollig in seine Decke gewickelt, und dann hat er prima bis zum Morgen gepennt.
In der Frühe – er suchte eigentlich einen Weg aus dem Hafengelände hinaus zur Stadt, wo er sich ein Frühstück schnorren wollte – kam er zufällig an der Hafenzweigstelle des Arbeitsamts vorbei. Männer mit breiten Schultern standen da herum, und Knifte ging zu ihnen und fragte, was los wär. So erfuhr er, daß einer im Hafen auch ohne Flebben arbeiten kann – ohne Ausweispapiere, heißt das – als Tagelöhner, der nicht kranken- und rentenversichert ist, nur gegen Arbeitsunfälle, und dem man von seinem Tagelohn, der jeden Abend ausgezahlt wird, lediglich einen Pauschalbetrag für's Finanzamt abhält. Das war was für Knifte.
Er hat sich also ans Ende der Reihe gestellt und ist dann in das kleine Büro gegangen und hat sich einen Job vermitteln lassen. Er hat fleißig gearbeitet, in den Laderäumen von Schiffen und auf LKWs, auf Eisenbahnwaggons und in Lagerschuppen – die Meister, unter denen er gearbeitet hat, waren alle mit ihm zufrieden.
Knifte ist damals ein paar Wochen im Hafen geblieben, ehe das Fernweh ihn weitertrieb – lange genug, sollte man meinen, um aus der Schar der Kumpels den einen oder anderen Freund zu gewinnen. Aber das hat nicht geklappt; die meisten Kumpels hielten sich für was besseres als so'n fiesen Tippelbruder. Im Gegenteil, sie legten es immer wieder darauf an, ihm eins auszuwischen, ihn zu veräppeln oder mit irgendwelchen Drehs anzuschmieren. Toni und Heini versuchten das besonders oft.

Einmal haben sie Knifte mit Wermut freigehalten, haben ihn absichtlich besoffen gemacht. Was er sonst nie tat – im Suff hat Knifte viel geschwätzt, die Klappe aufgerissen und geprahlt. Schließlich hatten sie ihn soweit, der Toni und der Heini. Sie nagelten ihn fest. Knifte schlug ein und sagte: «Top!» Mit Handschlag wurde damals diese Wette besiegelt, von der die Kumpels heute noch sprechen. Sie hat Knifte im Hafen berühmt gemacht.
Es ging dabei um einen ganzen Meter frischer Bratwurst! Und es ging noch in derselben Nacht um diese Wurst.
Nordfriedhof. Es ist spät am Abend, längst dunkel, und Knifte steht allein vor dem Friedhofstor. Sehr allein – nebenbei bemerkt.
Knifte hantiert ein Weilchen an dem Schloß herum – schon knirschen die Torflügel in den Scharnieren. Das Tor tut sich auf, läßt die einsame Gestalt auf den Todesacker.
Lautlos huschen Wolken vor den bleichen Mond. Nebelschwaden tanzen auf und nieder, verleihen den Lorbeersträuchern bei den stillen Hügeln grausige Lebendigkeit. In der Ferne heult ein Hund. Nah wispert in den Baumkronen geheimnisvoll der Wind. Die Luft ist klamm. Es riecht nach Moder und verwelkten Blumen. Dürre Reiser knacken unter Kniftes Schritten.
Knifte denkt: ‹Ein ganzer Meter Bratwurst!›
Es gelingt ihm überraschend leicht, sich Einlaß in die Leichenhalle zu verschaffen. Unheimlich ruhig ist es drinnen, kalt und finster. Knifte holt einen Kerzenstummel aus der Hosentasche, zündet ihn an. Danach macht er es sich zwischen zwei Särgen bequem. Genau das nämlich fordert die Wette von ihm!
Ha – und ein Knifte mogelt doch nicht!
Er breitet seine Decke aus. Quer über seine Knie legt er den Eichenknüppel, den er vorsichtshalber mitgebracht hat. Gemütlich lehnt er seinen Rücken gegen einen Sarg. Er schiebt seinen Kaugummi auf ‹Ruhestellung› in die rechte Backentasche und schließt die Augen.
Da! Was war das?

Knifte schreckt aus dem Schlaf. Etwas benommen guckt er sich um. Aber es waren nur die Glockenschläge der Kirchturmuhr. «Eins, zwei, drei –,» zählt Knifte laut mit, und so weiter, bis zwölf. Mitternacht! Knifte streckt sich wieder aus – da geht er los, der faule Zauber!

Die Särge beginnen zu knarren. Irgend'was fummelt von innen an den Deckelverschlüssen. Plötzlich fährt kreischend ein weißer Geist aus dem linken Sarg. Sein Geheul gellt schauerlich in dem hohen Raum. Erschüttert spuckt Knifte seinen Kaugummi aus. Aber dann schimpft er:

«Heiliger Bimbam! Tot is tot!»

Er schwingt seinen Knüppel und gibt dem Geist kräftig eins auf Dach.

Der Sargdeckel ist kaum wieder zurecht gerückt, als das Spektakel sich auf der anderen Seite wiederholt. Knifte reibt sich ungläubig die Augen. Doch in keinem Fall wird er einen ganzen Meter frischer Bratwurst sausen lassen! Er packt seinen Knüppel fester.

Auch dieses Gespenst hopst und fuchtelt herum, auch mit diesem Gespenst ist nicht vernünftig zu reden. Es kreischt, was das Zeug hält, und macht die blödesten Faxen.

«Tot is tot!» sagt Knifte noch einmal – und haut entschlossen zu.

Augenblicklich ist es still.

Nun tönt wieder die Kirchturmuhr... Aha! Die Geisterstunde ist vorüber.

Knifte malt sich aus, wie es sein wird, einen ganzen Meter frischer Bratwurst heiß aus der Pfanne zu verputzen. Ihm läuft das Wasser im Mund zusammen. Noch ein paar Stunden... Er reckt sich und gähnt, schläft wieder ein...

Davon erzählen die Kumpels im Hafen noch heute. Sie erzählen voll Hochachtung für Knifte davon. Sie sagen, so lange Knifte hernach noch geblieben wäre, hätte er bei allen ‹Gespenster-Schreck› geheißen. Und sie erzählen, daß die zwei, mit denen Knifte gewettet hatte, noch drei Tage darauf ganz mies und lahm gearbeitet hätten. Sie hätten über fürchterliches Kopfweh geklagt, der Heini und der Toni.

Jutta Radel

Nachwort für Ältere

Dies ist ein Geschichtenbuch für Kinder, für Familien mit Kindern und für Kindergruppen zwischen 6 und 12 Jahren. Ich habe sie für Kinder gesammelt, die ähnlich sind wie mein Sohn und all seine Freunde. Sie haben etwas gemeinsam. Sie sind empfindsam, hellwach, neugierig, kritisch, ernsthaft und haben einen Schalk im Nacken. Sie lieben Geschichten – vorgelesene, selber gelesene und erzählte. Geschichten, in denen sich ihre äußere und ihre innere Welt treffen. Geschichten, in denen sich bekannte Bilder durch neue erweitern. Geschichten, die Realität überschreiten, die humorvoll Situationen entwickeln, die sich möglichst überraschend und spannend wenden. Sie lieben ganz besonders jene mit einer Portion Vergnügen. Für ernste Geschichten ist in den letzten Jahren viel getan worden. Für lustige, auch ernst zu nehmende, weitaus weniger. Dabei entsprechen sie dem kindlichen Bedürfnis in den ersten Schuljahren ebenso. Diese Erfahrung wird jeder machen, der mit Kindern lebt und sich mit ihren Lesewünschen nicht über ihre Köpfe hinweg beschäftigt.

So habe ich mich auf die Suche gemacht nach Geschichten, die Humor und Spaß nicht aussparen. Der Titel dieser Sammlung zeigt den Spielraum für die verschiedenen Tonarten lustiger Geschichten an. Sie sind vielseitig und zum großen Teil hintergründig in einer Art, die dem Bewußtsein und der Ansprache schulpflichtig gewordener Kinder entsprechen. Der Bogen umspannt die Bereiche Fantasie und Realität. Ihre erfundenen, erdachten, erträumten Gestalten sind wirklich und gegenwärtig, wenn ihre Leser sich darin wiederfinden.

In diesem Sinne trägt auch die Idee dazu bei, sich nur auf lebende, deutschsprachige Autoren aus der Schweiz, aus Österreich und Deutschland zu besinnen. Und ich bin froh, nicht weiter gereist zu sein. Denn das Ergebnis widerspricht einer landläufigen Meinung, hierzulande sei kein Humor anzutreffen. Vielleicht mag auch mitspielen, daß fast alle Autoren, und viele in Originalbeiträgen, mit Kindern im angesprochenen Alter umgehen.

Autoren- und Quellenverzeichnis

Hans Carl Artmann, geb. 1921 in Wien, studierte vergleichende Sprachwissenschaften, unternahm zahlreiche Reisen und ließ sich als freier Schriftsteller in Malmö/Schweden nieder, wo er jetzt noch wohnt. Er schreibt vor allem für Erwachsene, surreale Lyrik, Parodien, phantastische und makabre Kurztexte. «Maus im Haus» ist eine seiner wenigen Kindergeschichten.
«Maus im Haus». Aus: Dichter Europas erzählen Kindern (Hrsg. G. Middelhauve). Verlag G. Middelhauve, Köln. 1972.

Kurt Baumann, geb. 1935 in Schaffhausen, lebt mit seiner Familie in Zürich. Er lernte das Goldschmiedehandwerk, arbeitete bei einem Bauern in Norwegen, als Goldschmied in Schweden. Er studierte Germanistik, Pädagogik, Geschichte, schrieb seine ersten Kinderbuchgeschichten, unterrichtete an einem Gymnasium Literatur und Geschichte, arbeitet heute als Verlagslektor. Er veröffentlichte Fernseh- und Kindertheaterstücke, Puppenspiele und Kindergeschichten, u.a. drei «Joachim-Geschichten», «Der rote Vogel Felix», «Drei Könige», «Der Schlafhund und der Wachhund».
«Mischas Küchengeschichten». Erschienen im Nord-Südverlag, Mönchaltorf. 1977.

Wolf Biermann, geb. 1936 in Hamburg. 1953 siedelte er nach Ost-Deutschland über, wo er politische Ökonomie, Philosophie und Mathematik studierte. Er wurde Regieassistent beim Berliner Ensemble. Heute lebt er wieder in Hamburg, nachdem er in Ostdeutschland keine Bücher mehr veröffentlichen durfte. Wolf Biermann ist ein Liedermacher, schreibt Gedichte und Balladen, u.a. «Die Drahtharfe», «Der Dra Dra», «Für Genossen».
«Das Märchen vom kleinen Herrn Moritz, der eine Glatze kriegte». Aus: Dichter Europas erzählen Kindern (Hrsg. G. Middelhauve). Verlag G. Middelhauve, Köln. 1972.

Beat Brechbühl, geb. 1939 in Opligen bei Bern, lebt als freier Schriftsteller in einem alten Bauernhaus in Wald im Zürcher Oberland. Nach ausgedehnten Reisen in Lappland, Italien, Griechenland arbeitete er als Verlagshersteller. Er schreibt Gedichte, Romane und Kindergeschichten wie «Die Geschichte vom Schnüff», «Schnüff, Herr Knopf und andere Freunde».
«Schnüff und die neue Lehrerin». Aus: Schnüff, Herr Knopf und andere Freunde. Benziger Verlag, Zürich. 1977.

Irmela Brender, geb. 1935 in Mannheim, lebt in Sindelfingen als Übersetzerin und freie Journalistin. Sie ist Mitarbeiterin beim Süddeutschen Rundfunk, veröffentlichte Features, Romane, Kinder- und Jugendbücher, u.a. das «Ja-Buch für Kinder», «Die Kinderfamilie», «Man nennt sie auch Berry».
«Jeannette wird Schanett». Aus: Jeannette, zur Zeit Schanett. C. Bertelsmann Verlag, München. 1977.

Vera Ferra-Mikura, geb. in Wien 1923, lebt dort seit 1948 als freie Schriftstellerin. Sie schrieb zu-

nächst für Erwachsene Erzählungen und Lyrik. Zu ihrem umfangreichen Werk für Kinder zählen Gedichte «Lustig singt die Regentonne», Märchen «Der Teppich der schönen Träume», phantastische Erzählungen und realistische Kinderbücher «Zwölf Leute sind kein Dutzend», «Peppi und die doppelte Welt» u.v.a.
«Schnurrimaunz». Originalbeitrag.

Kaspar Fischer, geb. 1938 in Zürich, lebt mit seiner Frau, der Medizinhistorikerin Esther Fischer-Homberger, und seinen drei Kindern in Bern. Er ist Schauspieler und Zeichner und macht seit 1965 Tournéen mit eigenen Stücken. Für Kinder entstanden der Bilderbogen «Überraschungen für Noah», das Bildalphabet «Aff, Bräzeli, Chämifäger», die Stücke «Christoph Kolumbus», «Der starche Noah und die Ritter von Bubilkon».
«Fütterung des Kometen». Originalbeitrag.

Karlhans Frank, geb. 1937 in Düsseldorf, lebt als Schriftsteller und Journalist in Schöneck/Hessen. Er arbeitet für den Funk, den Film, übersetzt in verschiedene Sprachen, macht Collagen, schreibt Gedichte, Erzählungen, Hörspiele, seit 1968 immer mehr auch für Kinder. 1978 veröffentlicht er seinen Roman «Willi kalt und heiß».
«Dornröschen nach dem Erwachen». Originalbeitrag.

Gabi Gaull ist 1959 in Winterthur geboren. Sie hat nach der Schule eine kaufmännische Lehre bei einer Tageszeitung gemacht, wo sie bis heute arbeitet. Sie schreibt seit ihrem 9. Lebensjahr Kurzgeschichten und Gedichte.
«Tommi, der Schneemann». Originalbeitrag.

Josef Guggenmos, geb. 1922 in Irsee im Allgäu. Er studierte Germanistik, Kunstgeschichte, Indologie, verbrachte lange Zeit in Finnland, war Verlagsdirektor und lebt als freier Schriftsteller in Irsee. Er veröffentlicht Lyrik, vor allem Kindergedichte, Kinder- und Jugendbücher. Seine Gedichte sind in fast allen zeitgenössischen Anthologien und Lesebüchern für Kinder vertreten, u.a. aus «Was denkt die Maus am Donnerstag», «Ein Elefant marschiert durchs Land», «Gorilla, ärgere dich nicht».
«Warum die Schildkröte gepanzert geht». Aus: Ein Elefant marschiert durchs Land. G. Bitter Verlag, Recklinghausen, 1968.

Heinrich Hannover, geb. 1925, lebt seit 1954 als Rechtsanwalt in Bremen. Er veröffentlichte u.a. mehrere Kinderbücher, so «Das Pferd Huppdiwupp», «Der müde Polizist», «Die Birnendiebe vom Bodensee».
«Die Birnendiebe vom Bodensee». Aus: Die Birnendiebe vom Bodensee. rororo rotfuchs 32.

Eveline Hasler lebt mit ihrer Familie in St. Gallen. Sie studierte Psychologie und Geschichte und war als Sekundarlehrerin tätig. Sie hat viele Kinder- und Jugendbücher geschrieben, u.a. «Denk an mich Mauro», «Adieu Paris, adieu Catherine», «Der Sonntagsvater», «Komm wieder Pepino», «Der Buchstabenkönig».
«Der Wortzerstückler». Originalbeitrag.

Herbert Heckmann, geb. 1930, lebt als Schriftsteller bei Frankfurt. Er studierte Philosophie, Germanistik und Geschichte, war zwei Jahre Gastdozent an der Northwestern University Evanstone/Illinois (USA) und Mitherausgeber der «Neuen Rundschau». Er veröffentlichte u.a. für Kinder «Der kleine Fritz», die «Geschichten vom Löffelchen».
«Die Schlacht auf dem Perserteppich». Aus: Geschichten vom Löffelchen. Verlag G. Middelhauve, Köln. 1970.

Sigrid Heuck, geb. 1932 in Köln, lebt in der Grabenmühle, Einöd/Bayern. Sie ist Grafikerin und illustriert seit 1959 Kinder- und Jugendbücher, be-

bildert Schulbücher und gestaltet ihre auch selbst getexteten Bilderbücher in klaren Farben und Formen. Zu den von ihr geschriebenen Kinderbüchern gehören «Büffelmann und Adlerkönig», «Ich bin ein Cowboy und heiße Jim», «Zacharias Walfischzahn», «Petah Eulengesicht».
«Jim und das Cowboyfest». Aus: Ich bin ein Cowboy und heiße Jim. C. Bertelsmann Verlag, München. 1975.

Franz Hohler, geb. 1943 in Biel, lebt in Zürich. Er tritt als Kabarettist mit eigenen Einmannprogrammen auf und schreibt Bücher, Theaterstücke und Hörspiele. Für Kinder macht er «Spielhaus-Sendungen» am Schweizer Fernsehen, sowie Sendungen fürs Schweizer Radio. 1978 erscheint sein Kinderroman «Tschipo».
«Eine dicke Freundschaft». Originalbeitrag.

Josef Ippers, geb. 1932, lebt in seiner Heimatstadt Neuß am Rhein. Er arbeitete in der Landwirtschaft, im Baugewerbe, in Fabrikhallen, im Hafen, als Seemann und derzeit als Nachtwächter in einem Industriebetrieb. Seine Veröffentlichungen schildern ein bißchen seinen Lebensweg: «Fischer im Sattel», «Arabesken oder Friedhof der Winde», «Am Kanthaken», «Das Gewehr», «Jonas der Strandläufer», «Es gibt kein Leben ohne Schreiben».
«Der Gespenster-Schreck». Originalbeitrag.

Bernd Jentzsch, geb. 1940 in Plauen/Vogtland, lebt mit seiner Familie in Zürich. Er studierte Germanistik und Kunstgeschichte in Leipzig und Jena, war Herausgeber der Lyrik-Reihe «Poesiealbum», arbeitet als Verlagslektor und veröffentlicht Lyrik, Erzählungen und Kinderbücher.
«Ein Haus wie kein anderes Haus». Aus: Der fliegende Robert (Hrsg. H.J. Gelberg). Verlag Beltz und Gelberg, Weinheim. 1977.

Ilse Kleberger, geb. 1921 in Potsdam, lebt in Berlin. Sie ist Ärztin und Schriftstellerin; Autorin von Novellen, Kurzgeschichten, Sachbüchern, Gedichten und einer ganzen Reihe von Kinder- und Jugendbüchern. Dazu gehören u.a. die drei Oma-Bücher «Unsre Oma», «Ferien mit Oma» und «Villa Oma»; «Wolfgang mit dem Regenschirm», «Mit dem Leierkasten durch Berlin», «Dudelsack und Flöte», «Jannis der Schwammtaucher».
«Jan will auswandern». Aus: Unsre Oma. E. Klopp Verlag, Berlin. 1964.

Irina Korschunow, geb. 1926 in Stendal, lebt als freie Schriftstellerin bei München. Sie studierte Germanistik, veröffentlicht Erzählungen, Feuilletons, Kinderbücher, u.a. «Duda mit den Funkelaugen», «Niki aus dem 10. Stock», «Der kleine Clown Pippo», «Eigentlich war es ein schöner Tag», «Die Sache mit Christoph».
«Pippo geht ins Café». Aus: Der kleine Clown Pippo. Herold Verlag, Stuttgart. 1971.

James Krüss, 1926 auf der Insel Helgoland geboren, gehört zu den erfolgreichsten und meistgelesenen Kinder- und Jugendbuchschriftstellern. Unter vielen anderen erschienen «Mein Urgroßvater und ich», «Mein Urgroßvater, die Helden und ich», «Der Leuchtturm auf den Hummerklippen», «Sommer auf den Hummerklippen», «Henriette Bimmelbahn», «Das gereimte Jahr», «Der fliegende Teppich».
«Pommelot, der unbesiegte Ritter». Aus: Der fliegende Teppich. Verlag Oetinger, Hamburg. 1976.

Mira Lobe, geb. 1913 in Görlitz, verlebte ihre Kindheit und Jugend in Deutschland. Nach dem Abitur emigrierte sie nach Palästina. Nach dem 2. Weltkrieg kam sie nach Wien und lebt dort als freie Schriftstellerin. Zu ihrem umfangreichen kinder- und jugendliterarischen Werk gehören u.a. «Titi im Urwald», «Die Omama im Apfelbaum», «Das Städtchen Drumherum», «Das kleine Ich-bin-Ich», «Die Räuberbraut».

«Weltmeisterschaftszweiter im Geisterheulen». Aus: Die Propellerkinder (Hrsg. F. Hofbauer). Verlag Jugend und Volk, Wien. 1971.

Paul Maar, geb. 1937 in Schweinfurt, ist Kunsterzieher in Filderstadt bei Stuttgart. Er veröffentlicht Kindertheaterstücke, Kinder- und Jugendbücher, u.a. «Onkel Florians fliegender Flohmarkt», «Der tätowierte Hund».
«Wie der Affe Kukuk und der Affe Schlevian untereinander einen Dichterwettstreit austrugen». Aus: Der tätowierte Hund. Verlag Oetinger, Hamburg. 1968.

Hansjörg Martin, geb. 1920, lebt in Hamburg. Er war Maler und Grafiker, nach dem Krieg Clown, Journalist, Bühnenbildner und Dramaturg. Er lebt seit 1962 als freier Schriftsteller. Er schreibt für den Schulfunk und für das Fernsehen, Kriminalromane, Kinder- und Jugendbücher, u.a. «Johann der Dreizehnte», «Überfall am Okeeschobee», «Ein buntes Auto und ein schwarzes Schwein».
«Kauderwelsch mit kleinem Knall». Aus: Da kommt ein Mann mit großen Füßen (Hrsg. U. Wandrey). rororo rotfuchs 34.

Sonja Matthes, geb. 1930 an der Wesermündung, ist nach Lehr- und Wanderjahren 1953 in Pirmasens seßhaft geworden. Sie hat fünf Kinder und ist für Zeitungen, Zeitschriften, die Volkshochschule, Sozial- und Öffentlichkeitsarbeit tätig. Sie veröffentlicht Prosa, Lyrik, Grafik und Buchillustrationen, arbeitet in Anthologien und Schulbüchern mit, schrieb das Jugendbuch «Ruli» und Lyrikband «Kurzbuch».
«Frau Axt kann nicht bis zwei zählen». Originalbeitrag.

Hanna Muschg, geb. 1939 in Bremen, ist verheiratet, hat zwei Kinder und lebt in Kilchberg bei Zürich. Sie veröffentlichte Übersetzungen und schreibt Kindergeschichten.
«Maus, die Maus». Originalbeitrag.

Gudrun Pausewang, geb. 1928 in Ostböhmen, lebt in Osthessen, wo sie an einer Grundschule unterrichtet. Ab 1956 war sie mehrere Jahre als Auslandlehrerin in Chile, Venezuela und Kolumbien. Sie schreibt Romane, Novellen, Kinder- und Jugendbücher, u.a. «Und dann kommt Emilio», «Kunibert und Killewambo», «Die Not der Familie Caldera», «Auf einem langen Weg».
«Binders Sonntag gefällt mir besser». Originalbeitrag.

Irene Rodrian, geb. 1937 in Berlin, lebt heute in München. Sie veröffentlicht Fernsehspiele, Kriminalromane, Kinder- und Jugendbücher, u.a. «Das Geheimnis der Inselfestung», «Eine kunterbunte Reise», «Viel Glück mein Kind», «Blöd, wenn der Typ draufgeht».
«Die schauerliche Geschichte vom kleinen Piraten und vom dicken Kapitän». Aus: Da kommt ein Mann mit großen Füßen (Hrsg. U. Wandrey). rororo rotfuchs 34.

Gina Ruck-Pauquét, geb. 1931, lebt als freie Schriftstellerin in Bad Tölz. Sie schreibt Funk- und Fernsehspiele, Lyrik, Erzählungen und viele Kinder- und Jugendbücher, u.a. «Gespenster essen kein Sauerkraut», «Das kleine Faultier», «Niko mit den vielen Namen», «Wa-ta-wah und Wolfsnase», «Das Pfannkuchenglück», «Ginas Zoo».
«Eumel». Aus: Quatsch (Hrsg. R. Boldt/U. Wandrey). rororo rotfuchs 66.

Jürg Schatzmann, geb. 1940 in Zürich. Er promovierte zum Dr. med., arbeitete kurze Zeit als Arzt, hörte daneben Vorlesungen in Psychologie, Pädagogik und Germanistik und gründete 1970 zusammen mit seiner Frau Regina den «kinderbuchladen zürich». Er ist Lehrer für Jugendliteratur an der Schule für Soziale Arbeit, veröffentlicht Publikationen über Freizeitprobleme, Kinder- und Jugendliteratur und Erzählungen für junge Menschen, u.a. «Unsere Freiheit», «Dreimal Kaspar».
«John Klings erste Pfeife». Originalbeitrag.

Kaspar Schnetzler, geb. 1942 in Zürich, ist Lehrer und lebt dort mit seiner Familie. Er veröffentlichte «Der Fall Bruder», «Briefe an Jakob» und die Erzählung «Der Lehrling».
«Warum die Chinesen mit Stäbchen essen». Originalbeitrag.

Wolfdietrich Schnurre, geb. 1920 in Frankfurt, lebt in Berlin und Italien. Er veröffentlicht Erzählungen, Romane, Essays, Stücke, Lyrik, Bilder- und Kinderbücher, u.a. «Schnurren und Murren», «Die Sache mit dem Meerschweinchen», «Die Zwengel».
«Lieben heißt loslassen können». Aus: Schnurren und Murren. Verlag G. Bitter, Recklinghausen. 1974.

Hans Stempel und Martin Ripkens leben und arbeiten zusammen in München. Der eine war zunächst Redakteur, der andere Buchhändler. Längere Zeit arbeiteten sie als Filmkritiker, drehten mehrere Kurzfilme und machten Fernsehsendungen. Von ihren Büchern für Kinder lieben sie selbst den Versband «Purzelbaum» und den Geschichtenband «Auch Kinder haben Geheimnisse» am meisten.
«Kuchen für alle». Originalbeitrag.

Rüdiger Stoye, geb. 1938 in der Uckermark im Norden der Provinz Brandenburg. Er besuchte die Schule in der DDR, übersiedelte mit 20 Jahren nach Münster/Westfalen und studierte freie Grafik an der Hochschule für Bildende Künste in Hamburg. Heute lebt er dort als freiberuflicher Illustrator. 1976 leitete er den ersten «Bilderbuch-Workshop» in Bangkok, bei welchem es um die Aus- und Weiterbildung junger Thai-Illustratoren ging. Rüdiger Stoye hat zahlreiche Bücher für Kinder und Erwachsene illustriert und zum Teil auch die Texte dazu geschrieben, u.a. «Der Wal im Wasserturm», «Herr Mick, Herr Möck, Herr Moll», «Der Dieb XY».
«Wie der Hund Putzi seinem Herrchen in den Hintern biß». Erschienen im Otto Maier Verlag, Ravensbug. 1975.

Ursula Wölfel, geb. 1922, lebt seit 1959 als freie Schriftstellerin in der Nähe von Darmstadt. Sie studierte Germanistik und Pädagogik, war Lehrerin, wissenschaftliche Assistentin für Pädagogik, Assistentin am Institut für Jugendbuchforschung und ist Mitglied im PEN-Club. Zu den wichtigsten ihrer zahlreichen Kinder- und Jugendbücher gehören «Die grauen und die grünen Felder», «27 Suppengeschichten», «28 Lachgeschichten», «29 verrückte Geschichten», «30 Geschichten von Tante Mila», «16 Warum-Geschichten von den Menschen», «Feuerschuh und Windsandale».
«Die fürchterliche Alma und der großartige Tim». Aus: Feuerschuh und Windsandale. Hoch-Verlag, Düsseldorf. 1961.

Kurt Wölfflin, geb. 1934 in Wien, lebt mit seiner Familie als Lehrer und Schriftsteller in Anthering bei Salzburg. Zu seinen erfolgreichen Kinderbüchern gehören «Miki und die Seeräuber», «Safari vor deiner Tür», «Oma, gib Gas».
«Miki spielt ihrem Paps einen Streich und bringt ihn in arge Verlegenheit». Aus: Miki. C. Ueberreuter Verlag, Wien. 1972.

Reiner Zimnik, geb. 1930 in Beuthen, lebt als Illustrator in München. Er veröffentlichte satirische Zeichengeschichten, Zeichenglossen, Hörspiele, Bilderbücher u.a. «Der Bär auf dem Motorrad», «Der Bär und die Leute», «Bills Ballonfahrt», «Der Kran».
«Der Bär auf dem Motorrad». Erschienen im Diogenes Verlag, Zürich. 1963.